I0153506

LES

RIMES

REDOVBLE'ES

DE

MONSIEVR

DASSOVCY.

A PARIS,

De l'Imprimerie de CLAVDE NEGO,
fur la Terre de Cambray.

M. DC. LXXI.

Auec Privilege du Roy.

A MONSEIGNEVR LE COMTE DE LAVZVN

CAPITAINE DES GARDES DV CORPS DV ROY.

MONSEIGNEVR,

Ne trouvez pas estrange, si preferant mes interests à vostre gloire, i'ose mettre vn si grand Nom

que le voſtre, au commen-
cement d'vn ſi petit Ouvra-
ge: Ie ſuis le but de l'iniqui-
té des méchans, de l'igno-
rance des ſimples, & de la
malignité des ſots ; C'eſt
Pourquoy, M O N S E I-
GNEVR, ayant à me dé-
fendre de tant d'ennemis, ie
n'ay pas beſoin d'vn moin-
dre Protecteur qu'vn Capi-
taine des Gardes du Corps
du Roy, & d'vn Commaṅ-
dant ſes Armées auſſi valeu-
reux que Vous, de qui l'om-
bre ſeule par la forte Antipa-
thie que vous auez pour tous
ces inſectes , peut détruire

toute cette vermine affa-
mée, si piquante & si fatale
aux honestes gens. Il est vrai,
MONSEIGNEVR , qu'é-
tant sur le point de mettre
au jour des Oeuvres plus
considerables , ie pouvois
aussi vous donner quelque
chose qui auroit esté plus
digne d'estre consideré. Et
c'est à quoy sans doûte, ie
n'aurois pas manqué, si pour
voir celuy qui fait aujour-
d'huy tant de bruit dans le
monde, ma Muse avoit
pû surmonter l'impatien-
ce qu'elle a de vous saluér.
Recevez donc, MONSEI-

GNEVR, s'il vous plaist, ce
peu que ie vous offre, quoy
que ces Vers conceus dans
les disgraces, ne soient que
les enfans d'vn pere mal-
heureux, la France qui s'en
divertit les trouve enioüez,
& le Parnasse qui les souffre
les appelle drolles ; & s'il est
vray qu'ils ayent contribué
quelquefois au divertisse-
ment du plus grand Monar-
que du Monde, ie suis af-
seuré que dans la soûmission
que vous avez pour tous ses
sentimens, vostre esprit qui a
si bien donné dans son ge-
nie, ne dédaignera pas ce

que ce Prince déja éclairé
dés le berceau a jugé digne
de son estime. En tous cas,
MONSEIGNEVR , l'vn
des plus grands Saints que
canonize cette Cour , qui
pour placer ma pauvre Lyre
au dessus de la plus Illustre
Iatto qui fut jamais, a bien
ozé choquer la capacité de
nos Libraires, m'assisteroit de
ses suffrages auprés de Vous,
& s'efforceroit de m'en fai-
re connoistre, si vostre esprit
qui est aujourd'huy l'admi-
ration de nôtre siecle, avoit
besoin des yeux d'autruy,
pour découvrir ce fin qui

donne la grace; & le tour à
toute chofe. Au refte, MON-
SEIGNEVR, vous pouvez
bien me pardonner, fi au
prejudice de la fauffe humi-
lité de la plufpart de nos Ef-
crivains qui difent d'eux
tout le contraire de ce qu'ils
penfent, vous entretenant
ainfi de mes foibles produ-
ctions, Ie témoigne avoir
plus de foin de ma loüange
que de la voftre. Ié fçais
bien, MONSEIGNEVR; ce
qui vous eft deu, & je diray
fans me vanter, que fur ce
fuiet, ie vous pourrois en-
nuyer, pour le moins autant

qu'vn autre. Mais outre
que ie ne suis pas de ces Au-
theurs impitoyables , qui
assassinent leurs Heros, &
leurs Dieux à coups d'en-
censoir. C'est que n'ayant
que quatorze rames de Pa-
pier au Raisin, pour mettre
vne allonge à cette Dedi-
cace ; en faveur de vos Per-
fections, vos vertus qui por-
tent leur éclat iusques au
Ciel, & dont la Renommée
s'étend par tout l'Vnivers,
seroient trop pressées dans
vn si petit espace. L'Affe-
ction du plus grand de tous
les Rois, & l'estime que vos

excellentes Qualitez vous
ont acquife auprés de ce
que le monde a de plus glo-
rieux, & de plus eftimable;
C'eft voftre Eloge , qui
mieux que toutes nos lan-
gues, & toutes nos plumes
fera parler de Vous lufques à
la confommation du temps.
Ne me demádez donc point
MONSEIGNEVR, pourquoy
fans avoir iamais eu aucun
accés auprés de vóftre Per-
fonne , au milieu de tant
d'Illuftres Mœcenas ; mes
Mufes encore tout effarées
retournátes en cette Cour,
fe vont ranger fous vóftre

protection ; Hé de grace,
MONSEIGNEVR, ne me
pressez point sur ce suiet,

Ne forcez point un Demo-
    crite,
Fils de Momus, & d'Ap-
    pollon,
De pester contre la saison :
Demandez-le à vostre merite,
Il vous en dira la raison.

             Vostre tres-humble,
               & tres-obeïssant
               Serviteur,
             C. D'ASSOVCY.

LES RIMES
REDOVBLE'ES
DE MONSIEVR
DASSOVCY.

Epiſtre au Lecteur.

TOVT de bon ie crois
que le Monde eſt ſans
yeux, où qu'il a perdu
le ſens , il y a plus
d'un an & demy que ie ſuis de
retour de Rome.

A

D'où grace à la toute puissance,
Pour chasser les malins esprits,
Ie r'apporte dedans Paris
L'aymable lieu de ma naissance
Mainte relique de haut-prix,
Et côme vn Chrestien bien appris,
Maint beau pardon,mainte indul-
　　gence,
Mes oreilles & mes escrits ;
Cinquante belles chansonnettes,
Vn theorbe, deux petits luts,
Cinq cens escus dans mes pochet-
　　tes
Trois dents de moins, quinze ans
　　de plus,
Deux bonnes paires de lunettes
Et deux Pages fort bien vestus.

Et comme il y va de ma gloire
que le monde qui me fait l'hon-
neur de s'entretenir assez sou-
vent de moy ; sçache que ie ne
suis point encore vne Anato-
mie, ie ne laisse passer aucune
occasion de me faire voir. Ie

vais tous les jours au Louvre,
au Palais & à la Comedie,
& afin que tout le monde en
soit generalement persuadé, je
vay encore tous les matins,
acheter la viande moy-mesme
à la Boucherie, & le beurre au
marché ; & si vous ne m'en
croyez pas écoutez ce qu'en dit
la Gazette, qui ne voudroit pas
mentir.

Le pauvre Monsieur Dassoucy
A qui mainte rimaillerie,
Dans maint escrit, froid & transi,
Auoit trois fois osté la vie,
Se porte fort bien Dieu mercy;
Et de mourir n'a point d'envie.
On disoit que la calomnie
De feu Loret l'auoit noircy;
N'en croyez rien, c'est raillerie,
Il n'a pas seulement roussi,
Tres-glorieux, malgré l'envie,
Plus blanc qu'vn Cygne il est icy;
                    A ij

·4   EPISTRE ·

Ma foy c'eſt grande vilainie
De traitter vne Muſe ainſi,
Dont la valeur eſt infinie
Dans le Palais, on dit auſſi
Qu'auant qu'il ſoit Paſques florie,
Ou chez Barbin ou chez Sercy,
On verra le chaſſe ſoucy
Des advantures d'Italie
De l'Illuſtre ſieur d'Aſſoucy.

E Ncore ſi i'eſtois reuenu
dans Paris pour redeman-
der ma femme, comme Mail-
lard qui perdit l'autre jour ſon
Procez, ou pour vſurper vn
Royaume comme Sebaſtien de
Portugal, les parties intereſſées
pourroient faire ſemblant de
me méconnoiſtre, mais ie ne
demande rien que l'Honneur
que l'on doit partout à ma teſte
faite en pot à beurre, c'eſt à
dire d'eſtre reconneu pour vn

ſi i.

tres-honneſte Enfant de Paris,
& conſideré dans mon quartier,
pour vn bon Chreſtien, bien re-
uny à ſa Patrie, & à ſa Parroiſſe;
Peut-eſtre auſſi que l'on croit
que ie ſuis mort au monde, par-
ce qu'il n'eſt pas fort difficile de
s'imaginer qu'vn Poëte reuenu
de Rome, ſoit ſans ame, auſſi
bien que ſans argent, & que l'on
dit qu'vn homme ſans argent
eſt vn corps ſans ame, mais on
ſe trompe lourdement, car ou-
tre l'argent de mes cheueux,
qu'autre qu'vn Barbier auare,
ne me ſçauroit oſter, malgré
l'ingratitude des Muſes, & la
dureté du ſiecle, i'en ay encore
Dieu mercy dans le gouſſet,
d'auſſi beau & d'auſſi bien mar-
qué que celuy du Roy. Et c'eſt
grace à cét elixir precieux qui
donne de la force aux mains, &

A iij

de la vigueur aux pieds que ie
joüe du Luth encore comme vn
Gautier, & que ie vay du pied
comme vn chat maigre, cepen-
dant il ne se passe point de iour
qu'allant par les ruës, ie ne
rencontre plusieurs de mes an-
ciens amis, à qui ny mon visage,
ny mes embrassemens, ny mes
paroles ne sçauroient persuader
que ie sois écore en vie qu'alors
que ie les ay pris par la main
pour les mener boire,& que i'ay
payé pour eux au cabaret. L'au-
tre jour courant apres vn amy
emprunteur, qui depuis quinze
ans me doit encore cinq pistoles
il s'enfuit de moy comme d'vn
spectre en disant, *vade sathanas*,
sans pouuoir le retenir, que par
le manteau qui me demeura
dans les mains,& qu'il m'a laissé
pour les gages; depuis ie luy ay

reporté plusieurs fois dans sa
maison, mais il ne m'a iamais
parlé que par la feneſtre de ſon
grenier, & quoy que pour le
r'aſſeurer ie lui aye fait vne qui-
tance generalle de toutes mes
pretentions, il me ſoûtient qu'il
y a plus de quinze ans que ie
ſuis mort & enterré, & qu'il
a deſpenſé plus de cinquante
francs pour faire dire des meſſes
pour le ſalut de mon ame. Mais
d'autant, cher Lecteur, que tu
pourrois t'imaginer que ie n'é-
cris cecy que pour me donner
carriere & te diuertir, & que
cette rencôtre te paroiſtra d'au-
tant plus hyperbolique qu'elle
a moins de rapport auec cette
vraye ſemblance qui doit eſtre
inſeparable de la verité. Tu n'as
pour te detromper qu'à lire ces
vers, qui te feront aſſez com-

prendre par ce qui m'est arriué
depuis peu auec Monsieur Bor-
dier , combien est grande la
preoccupation des Esprits tou-
chant les faux bruits que l'on a
fait courir de moy, & combien
les plus hónestes gens qui m'ay-
ment & qui m'estiment toû-
jours, ont encore aujourd'huy
de la peine de me deterrer.

Dassoucy que comme vn proscrit
Maint Autheur cruel & sauuage,
Et plus malin que l'Antechrist
Auoit tué dans Maint escrit
Et frit comme vn Antropophage
Fut cherché par Bordier l'esprit
Qui pour entendre son ramage
Et le traitter à petit bruit
Le festoya dans vn reduit,
Où l'on mit les oyseaux en cage ;
Là cét Vlisse de nostre âge,
Comme vn Illustre bien instruit,
Pour monstrer à ce Personnage
Qu'il n'estoit pas encore cuit ;

La Ba-
stille.

Vn gros chapon sur vn potage,
De prime abord il engloutit;
Pouuoit-il faire d'auantage
Pour montrer qu'il n'estoit pas frit
Que luy faire voir son visage,
Ses écrits, son Luth & son Page,
Et son merueilleux appetit.

En effet, il me semble que ie
ne pouuois pas faire dauantage
pour luy persuader que i'estois
encore en vie, que de faire hon-
neur à son festin, & si apres les
sensibles témoignages que ie
luy donnay ce iour là de ma
santé, & de mon appetit, il luy
reste encore quelque scrupule,
il n'a qu'à recommencer la par-
tie,& donner bon ordre aux sau-
ces. Ie luy promets de rejoüer
de nouueau si bien du cousteau,
de la fourchette & des machoi-
res, qu'il aura grand tort apres

i

cela de doubter de la solidité de
mon eſtre, & de la realité de
mon indiuidu. Que diray-je
plus ? quoy que les eſprits ne ſe
promenent gueres que de nuit,
à cauſe que le grand iour leur
fait mal aux yeux ; Ie ne laiſſe
pas de trouuer des gens qui font
des ſignes de Croix à ma ren-
contre, & qui s'enfuyent de
moy comme d'vn eſprit reuenu
de l'autre monde ; Mes parens
meſme ſe baricadent contre
moy, & quoy que le Soleil en
plein midy ne faſſe aucune om-
bre, cela n'empeſche pas que
dans la grand peur qu'ils ont
pour leur piece de bœuf trem-
blante, ils ne me prennent pour
vn ombre, quand ie les va voir
en plein midy. Et enfin dans
tout Paris ie ne voy que Meſ-
ſieurs les Libraires qui me faſ-

sent l'honneur de croire que ie
sois tout Corps, autrement il
y a long-temps qu'ils euffent
acheté mes Avantures d'Italie ;
si comme du temps qu'ils im-
primoient mes autres Ouvra-
ges, ils croyoient que ie fuffe
encore vn esprit. Dieu quelle
indignité, quoy les hommes ne
se resoudront-ils iamais à me
faire iustice ? Ne se contentent
ils pas de m'auoir fait passer si
faussement pour tout ce qu'ils
ont voulu, sans me faire encore,
passer pour vn mort. Quelle in-
humanité ! Mettre au rang des
morts vn homme qui non seu-
lement est encore en vie, mais
qui fait reuiure les autres, quoy
donc pource qu'ils sçauent qu'il
n'est rien de plus sot qu'vn hom-
me mort, ils me feront passer
pour vn mort, afin de me faire

paſſer pour vn ſot? Moy qui ſur-
uiuant à tous mes ennemis ay
fait paſſer pour des ſots tous
ceux qui m'ont ſi ſottement at-
taqué, Mon Amy Lecteur, plu-
toſt mourir que ſouffrir vn tel
affront, auſſi dans la haſte que
i'ay eu de repouſſer vne telle in-
jure qui m'eſt d'autant plus ſen-
ſible que la vie m'eſt encore plus
chere, & le iour plus agreable
que iamais, attendant que pour
deſabuſer le monde, mes aven-
tures d'Italie viennent à mon ſe-
cours, i'ay preſſé ces enfans de
mõ Burleſque genie de venir au
iour, pour t'aſſeurer par la reſ-
ſemblance qu'ils ont auec leurs
freres que le pere qui les a
produits, eſt encore jouiſſant de
la lumiere, & qu'il fera tous ſes
efforts pour te ſeruir, te plaire,
& te diuertir en cette vie.

PLAINTE
DE LA
SAMARITAINE
SVR LA PERTE DE SON
IACQVEMART,
ET LE DEBRIS DE LA
Muſique de ſes Cloches.

AV ROY.

Rand Roy dont mon cœur
est eſpris,
Dont le merite & le haut prix
Qu'en vos vertus on void reluire
Enchante Icy tous les Eſpris;

Vous par qui tout vit & respire
Dont les Miracles inouys
Et la splendeur, que tout admire
Tient mes pauures yeux éblouïs,
Souffritez-vous, ô grand LOVIS
Que sous voftre celeste Empire
Voftre Seruante, qui jadis
Par ses carillons si jolis
De ce pofte où ie me retire
Faifoit vn fecond Paradis,
Voftre Samaritaine expire
A trois pas de voftre Logis?

Dans le trifte eftat où ie fuis,
I'efperois, vous voyant conftruire
Tant de Magnifiques reduits
De voir la fin de mes ennuis,
Mais en vain ie pleure, & foufpire,
Chez moy tout perit, tout empire
Ie n'ay plus de corde à mon puits
Ny de Iacquemard à mon huis,
Et fi bien-toft, ô digne SIRE,
Quelque bon Saint ne vous infpire
D'avoir pitié de mon débris,
Grand Monarque? à qui tout afpire
Grand Roy des Roys adieu vous dis!

Quoy dans voſtre Majorité
Foudra-t'il que l'on vous reproche,
Qu'vne fille de qualité,
Qui n'a ny pied, ny dent, qui loche,
N'ait plus de Muſique de cloche,
Et que tant l'Hyuer que l'Eſté,
Ce beau Commis qui tout empoche,
Que vous auez ſi bien renté,
De voſtre Seine eſtant ſi proche,
Toûjours par quelque Hanicroche
Tienne icy mon cours arreſté !
Dieu ! quelle eſtrange indignité,
Sera-t'il mercy de ma vie,
A mon pauure Cadran gaſté,
Toûjours ſept heures, & demie?
Et dans Paris Ville & Cité
Verra-t'on toûjours du Meſſie
Vne ſi charmante coppie,
La bouche ſeiche à mon coſté;
Endurer cette felonnie?
Las ! que diroit le Pape Pie?
De voir ſi peu de chârité
Pour Dieu, parmy ſon peuple pie;
Helas ! quand ie me ramentoy
Du temps que i'eſtois adorée
Et que de mille attraits parée

De bon Garbe, & de bon Alloy,
Comme la Sibylle Erritrée,
On venoit de toute contrée
Pour voir mon Iacquemart & moy;
Et, que maintenant ie me vóy,
Moy pauurette degingandée,
Si chetiue, & si negligée
Dans vn si piteux defarroy,
Toute metagrabólifée;
Ie demande à Iefus, pourquoy
Du Ciel ie fuis abandonnée
Et pourquoy depuis mainte année
Mes clochettes n'ont plus d'employ.

Ie n'eftois pas fi méprifée
Quand i'eftois palinodifée
Tout mé tefmoignoit amitié
Saint Crefpin quittoit fon trepié
Et Dame Ieanne fa fufée
Pour ouïr le fon ætheré
De mon Hymne timpanifée.
O fily & filia
Rex cœleftis, rex gloria
Donc toute ame eftoit enchantée;
Alors par tout i'eftois vantée
Et mon fort eftoit enuié

de

De l'horloge la plus huppée,
Maintenant pauure estropiée
Aux plus gueuses ie fais pitié.

Ie n'estois pas si défroquée
Du temps que Messieurs les Laquais
Et mes Paladins sans aquets
Pour moy quittoient Margot la fée
Cartes & dez, & bilboquets
Quand le Sauoyard mon Orphée
A qui le bon Dieu fasse paix
Pour moy quittoit ses chansonnettes
Les enfans les Marionnettes,
Mes polissons leurs ricochets,
Mes Courtisans leurs gaudinettes
Et mes Filoux leurs tourniquets
Et que Messieurs portans serpettes
Mes valeureux Taille-goussets
Dont les mains gourdes en pochettes
Se rechauffent à peu de frais,
Venoient ouïr de mes clochettes
Les tons si doux & si parfaits
Mais las ! desormais les pauurettes
Comme elles couchét sans cornettes
Et que le serain est mauuais
Pour ceux qui couchét sans bonnets

                              B

Elles font fourdes & muettes,
Et fans vous ie n'auray jamais
Ny des grelots ny des fonnettes
Ny pas feulement des cliquettes
Pour amufer mes portefaix.

Depuis qu'à la honte publique
Ie fuis fans grace & fans attraits,
La groffe horloge du Palais,
D'humeur picquante & fatyrique
Se mocque de moy deformais
Et m'appelle paralitique,
Ores trifte & melancholique
Ie me confomme en vains regrets
Du Louure jufques aux Marais
Toutes font mon Panegyrique
Et chacun me caffe du gres.

Mais helas ce qui plus me picque
C'eft de voir que cette Ruftique
Qui n'eft pas plus groffe qu'vn œuf
Qu'au dans le neuf marché s'applique
A diuertir le picquebœuf
M'appelle horloge plegmatique
Quoy faudra-t'il Prince heroïque
Deformais qu'à voftre Pont-neuf

Le Marché-neuf faſſe Iſmique,
Et me voyant ſans Iacquemart
Sans carillon & ſans Muſique
Que ſes courtaudes de boutique
M'enuoyent à Montelimart
Et me traittent de lunatique?

Grand Roy plus vaillant qu'Amadis
Plus ſplendide & plus Magnifique,
Qui dans vos faits & dans vos dits
Plus ſage que Caton d'Vtique
Mettez toute choſe en pratique
Pour reduire voſtre Paris
Au point où fut la Rome Antique
Ores que par vos ſainéts Edits
Les plus fols ſont deuenus ſages
Que les duels ſont abolis
Et que les Laquais & les Pages
Pour exercer leurs grands courages
Portent des baſtons trop petits,
Que dans Paris chacun reſpire,
Que l'on n'y void plus de Cagous
Plus de crottes ny plus de trous
Plus de Seigneur qui laine tire
De Choüettes ny de Hiboux
Et que Noſſeigneurs les Filoux

Ont tranſporté leur vaſte empire
Sur les degrez du Pont aux Choux;
Grand Monarque ſouuenez-vous,
De la Pauure Samaritaine,
Rendez-luy ſes charmes ſi doux;
Faites que l'eau de la Seine,
Au bon Ieſus, à taſſe pleine
Ie puiſſe verſer de grands coups
Reſtituez ie vous ſupplie
A mon ſceau la fluidité
Tous mes Chantres au cul crotté
Voyant la fontaine tarie
De leur Helicon tant vanté
S'en vont mourir de la pepie
Grand Monarque dont la bonté,
Tient toute la terre aſſeruie,
Rendez l'eſclat à ma beauté,
Et quand ie ſeray plus jolie,
Ie boiray ie vous certifie
Plus d'vn coup à voſtre ſanté.

AV ROY.

EPIGRAMME.

DIEV de la paix, Dieu de la
        Guerre,
Roy le plus grand de tous les Roys,
Quand par mille fameux Exploits,
Vos bras plus craints que le tonnerre
Auroient rangé dessous vos Loix
Toute l'onde & toute la terre,
Fils du Ciel miraculeux don
De Louïs, & d'Anne d'Austriche,
Ie crois que vous seriez plux riche
Mais plus grand Roy ie crois que
        non.

AV ROY.

PIECE BVRLESQVE.

GRAND Roy, que le fatal effet
D'vn sort trop fier, & trop abjet
N'y mesme tout le monde ensemble,
Ne peut empescher ce me semble
De m'advoüer pour son subjet.
Enfin apres vn long trajet
Retournant dessous vostre Empire,
I'ay cherché par tout l'Helicon
Quelque peu d'encre pour escrire
Ce qu'au bruict de vostre renom
En vous toute la terre admire,
Mais dans tout le sacré vallon
Ie n'ay retrouvé plus que frire
Messieurs les enfans d'Appollon,
Ont tout vsé jusqu'au charbon
Ce n'est pas que ma pauvre lyre
Encor sur quelque nouueau ton

Ne peut redire vne chanson
Et mieux encor vous faire rire
Que lors que vous estiez garçon,
Mais maintenant, ô digne SIRE,
Que dans vos yeux ie voy reluire
Vn celeste & diuin rayon
Qui dans nos pauures cœurs inspire
Plus que la veneration
Que vous portez en capuchon
Pour tout regler & tout conduire
Sapience de Salomon
Et deux bras dans voftre manchon
Affez puiffants pour tout conftruire
Et tout reduire à la raifon
Et dans voftre joly bourçon
Bel argent qui n'eft pas le pire
Que vous prenez par quarteron
Comme vn pefcheur prend le Gardon
Villes & forts tout d'vne tire
Que fur l'vn & l'autre Horifon
De toutes les parts en ouïr bruire
Voftre grand Nom dont le haut ton
Donne la fiévre & le friffon
A tout ce qui vit & refpire
Deffous l'Empire de Mahon
Par Mahon ie me fens induire

Fortement en tentation
De voûs prefenter Or & Myrrhe
Auec fuffumigation ;
Non comme au Dieu qui fur l'afnon
Allout pour au bien nous inftruire
Helas nenny ! las helas non
Mais comme au valeureux Demon
Que pour tout le monde reduire
Engendra Iupiter Hamon.
Ores donc pour conclufion
Qu'il n'ait d'Aigle ny de Lyon
Ny de puiffance qui n'expire
Au feul bruit de voftre canon
Au cœur tout mon fang fe retire
Ie fuis plus niuet qu'vn poiffon
Et ie ne puis dire finon
Sur mon pauure Luth qui de Lyre
LOVIS le Grand Loüis le bon
Le quatorziéme de ce nom
Ie crois pourtant que c'eft tout dire.

AV ROY.

A SON ALTESSE ROYALE

Monseigneur le Duc de Sauoye
Prince de Piedmont, &
Roy de Cypre, &c.

PIECE BVRLESQVE,

SVR SON INTREPIDITE'.

GRand Duc preux, fort, bon, bel
     & sage
Qui portez sur voftre visage
Tous les attraits de Cupidon
Ce joly Dieu dont le brandon
Peut eschauffer vn grand courage
Et quelque chose dauantage :
Grand Duc cent fois plus beau
     qu'Adon
Bien qu'il fut cent fois ce dit-on
Plus beau que l'Amant de Clytie
Mais qu'vn maudit enfant de truye
Vn porc par grande trahison

C

Occist en sa jeune saison,
Prince charmant, Prince adorable,
Prince en vertus incomparable,
Prince des Princes l'ornement
Qui des Roys valez plus de cent
Et des Princes plus de cent mille
Iaçoit que dans vostre famille
Sans vostre honneur blesser en rien,
I'en connoisse vn qui vous vaut bien
Beau Roy du Paradis Terrestre
Que ie ne sers que par semestre
Charles le Grand Roy des bons vins,
Dont grace à Dieu les membres sains,
Les poulmons, le cœur, & la ratte,
En depit du sieur Hypocrate,
Font la nique à tous les bassins
De Nosseigneurs les Medecins,
Prince cher à qui je souhaitte
Gloire, joye, & santé parfaite,
Belle Maistresse & bon Cheual
Bien autre que feu Bucephal,
Cheual sur tout, car pour Maistresse
A blanc tetin, & blonde tresse
Baste encore on en trouueroit
Mais de cheual on ne pouroit
Qui fut digne de vostre Altesse

De qui la brillante jeuneſſe,
Comparable dedans ſon cours,
Au beau Dieu qui donne les jours,
Plaine d'ardeur & de ſoupleſſe,
Autant que de force, & d'adreſſe.
De vigueur & d'agilité,
Fait bien connoiſtre en verité,
Tant ſur la terre que ſur l'onde,
Qu'il eſt plus d'vn Soleil au monde,
Et que vous eſtes dans ces lieux,
Ce que Phœbus eſt dans les cieux.
Ne manquant à voſtre courage,
Qu'vn peu de ce fier attelage;
De ces grands cheuaux indomptez
Que fort peu de gens ont montez
Que ce beau Dieu qui tout eſclaire
Attache au char de ſa lumiere
Mais quoy ces braues Aleſtors,
Si grands, ſi puiſſans, & ſi forts,
Ne ſont point gens pour l'eſcurie,
Seigneur de voſtre Seigneurie,
Depuis le jour qu'on les embla,
Dequoy Phœbus moult ſe troubla
Trop bien Thetis leur hoſteliere
Les enferme dans ſa barriere.
Parquoy nous deuſſions nous caſſet

Le col il nous en faut paſſer.
Auſſi bien que du ſieur Pegaze,
Qui deſormais n'eſt plus qu'vn aze :
Car pour le merueilleux dada,
Qui Secourut Andromeda,
Qui ſans ſon bel amy Perſée,
Eſtoit ma foy bien bas percée,
Et le Bidet tant joliet
Du feu Seigneur de Paccolet,
Tous ces cheuaux, comme on peut
 croire,
Ne viuent plus que dans l'Hiſtoire ;
Et de tous ces Courſiers fameux,
Rien que leurs baſts ne reſtent d'eux.
Qu'on void encor, choſe notoire,
Dedans le Temple de memoire,
C'eſt pourquoy depuis ce temps-là,
Chacun ſe ſert de ce qu'il a ;
Et nos Dieux dans cette diſette,
Contraints de piquer la Mazette,
Sont bien aiſes d'aller tout doux,
Comme les Mortels, comme nous.
Car tout ce que Dieux on appelle,
N'eſt pas de la race immortelle,
Et tous vous autres demy-Dieux,
Que nous reuerons en ces lieux

Quoy que les Roys des autres hômes,
N'estes rien que ce que nous som-
    mes,
C'est à dire des Dieux humains,
Garnis de jambes & de mains,
De cul, de ventre, de caboches,
Et de deux pieds portants galoches,
De peau, de tripes, de boudins;
Et comme nous autres gredins,
Sujets à maintes hanicroches,
A maints tructs, & maintes taloches,
Playe, bosse & contusion,
Rupture, & dislocation.
C'est pourquoy, quand je considere,
Qu'ainsi que Victor vostre pere,
Vous auez des bras & des mains,
Et comme nous autres humains
Les plus beaux dons de la nature,
Que cache l'honneste peinture.
Ie jurerois dessus l'Autel,
Que vous n'estes qu'vn Dieu mortel,
Quoy que d'vn courage intrepide
Vous voyant comme vn autre Alcide,
Ne craindre feu, ny bois, ny fer,
Ny Loupgarou, ny Lucifer,
Ny Diable gris, ny Diable jaune,

C iij

Taner, Tefin, ny Po, ny Rofne,
Ny croc, ny mur, ny lac, ny roc,
Ny pic, ny truc, ny tac, ny choc
Garrot, ny trait, lance, ny pique:
Ie iurerois par fainte Afrique,
Que vous eftes en ce bas lieu,
Où ie me donne au Diable, vn Dieu,
Mais vn Dieu qui la deftinée
Et la Parque tient enchaifnée,
Pour en faire foir & matin
Comme des choux de fon iardin,
Car autrement vous n'auriez garde,
De muguetter cette camarde
Laquelle à mon aduis n'a pas,
Pour les mortels aucun appas,
Car enfin hors de voftre Alteffe
Qui la preffe & qui la careffe,
Et qui la fuit au grand galop,
Pas vn ne fe hafte pas trop,
De la chercher ny de la fuiure,
Chacun eft bien content de viure,
Et fe trouue fort bien icy,
Auffi bien que moy Dieu mercy,
Qui de la Parque n'ayant cure,
De tombe, ny de fepulture
Voudrois bien viure feulement.

Iufqúes au jour du Iugement.
Attendant fans inquietude,
L'immortelle beatitude,
Il n'eſt point de Richard fans peur,
A qui la mort n'ait fait horreur,
Iefus Noſtre Seigheur & Maiſtre
Eût peur de fon viſage traiſtré
Et les hommes les plus hardis
Tremblent allans en Paradis,
Quoy que la campagne Eliſée
Soit de fort bon laict arroſée
Qu'on y gouſte mille douceurs,
Et qu'on s'y véautre fur les fleurs,
A l'aſpect de cette bourruë
Ie ne vois pas qu'on s'entretuë,
A qui portera le premier,
A cét autre Nautonhier
Le tribut qu'on doit à fa Barque
Ny celuy qu'on doit à la Parque
Laquelle n'a point icy bas
Comme i'ay dit aucun appas
Pour nous obliger à la fuiute
Car qu'vn Prince foit las de viure
C'eſt ce qu'auſſi point ie ne croy
Trop bon viure il fait fur ma foy
On mange, on boit, on rit, on chaſſe,

On chante, on danse, & l'on fricasse
On s'entrejoüe, on s'entremord,
Puis on met ses fluttes d'accord,
On s'entregratte, on s'entretouche
On s'entrefintaille fretouché :
Ma foy, le monde il fait beau voir
Et le beau jour qui n'est pas noir,
On y voit de belles besognes
Et des Amantes fort mignonnes
Comme l'aurore au teint vermeil,
La Lune au eques le Soleil
Les Planettes, & les Estoiles
Et plusieurs autres Damoiselles
Qui comme elles parfont leur cours
Fort doucement dedans nos cours,
On y void des Marionnettes,
Des harlequins & des sonnettes
Des singes verds, des Matassins,
Des marmots & des marcassins,
Des bilboquets, des Piroüettes,
Des gazettes, des chansonnettes,
Des chats, des rats & des souris,
Des griuans, & des viuangris,
On y voit de belles cassines,
Grands celliers, & larges cuisines,
Gras potages & succulans,

Grands paſtez odoriferans,
De bœuf ſalé grand pieces tendres
Roſty, boüilly parmy les cendres,
Fluttes, tambours, cartes & dez
Poulets, pigeons, chapóns bardez
On y rauaude, on y couſine,
On y chatoüille ſa voiſine,
Bref, tant en Eſté qu'en Hyuer
On fait le Diable de Vauuer
Or bien qu'en ladite campagne
Ainſi qu'au pays de cocagne
On puiſſe eſtraquer en tout temps,
Sans ſe crotter en ſouliers blans;
Tres bon il fait parmy les crottes
Vſer icy ſes groſſes bottes,
Suiuant ce qu'on dit icy bas
Qu'vn tien, vaut mieux qu'vn tu
   l'auras,
Parquoy, Seigneur portant couronne
Vſez de ce que Dieu vous donne
Et pour Dieu ne meſpriſez point
Le moule de voſtre pourpoint
Pour qui dedans ce bas Empire
Tout ſe tourmente, & tout ſouſpire
En qu'elles ſi joyeuſes parts
Que ſoient aujourd'huy les Ceſars

Il n'en est pas vn qui n'enuie
Le doux bon-heur de voſtre vie
Et qui dans ce mortel ſejour
Ne voulut reuenir au jour
Pour deſſus leur gloire paſſée
Vuider voſtre chaire percée
Donner de l'auoine aux oyſons
Et ſe chauffer à vos tiſons
Cette noble & riche matiere
De voſtre corps dont la lumiere,
Eſclaire tout en ce bas lieu,
N'eſt point à vous elle eſt à Dieu,
C'eſt ſon trauail & ſon ouurage,
Gardez le bien Prince tres-ſage,
Voir coucher ſur noſtre Horizon,
Vn aſtre en ſa jeune ſaiſon
Ma foy, ce ſeroit dur eſclandre,
Grand Duc qui pouuez tout com-
  prendre,
Si vous ſçauiez que ſes deſtins
Sont méchans traiſtres & mutins,
Et qu'il ne faut qu'vn coup de fronde
Pour enuoyer en l'autre monde
Le plus grand Roy de l'vniuers
Qu'il ne faut qu'vn petit reuers
Vn petit parterre vne chûte,

Vn faux pas vne callebutte
Sur vn paué traiftre & peruers,
Pour jetter vn Prince à l'enuers,
Sans courir à bride abbatuë,
Comme vn efclair qui fend la nuë,
Vous iriez la bride à la main,
Comme voftre coufin germain,
Sur tout paffant par noftre ruë
Ou fi ie n'ay perdu la veuë.
Ces traiftres de pauez fufdits
Sont tres mefchans & tres maudits,
Qui dedans ce fiecle prophane
Eft amy de fon Pericrane
Trop ne doit fe fier meshuy,
Tant és pieds qu'és jambes d'autruy,
Ny pas trop en fes jambes mefme,
Témoin Remus que la mort blefme
Sur fon chien de col emporta,
Quand foffé trop large il fauta;
Dont Romule en eut dueil extreme
Car chacun pleure ce qu'il ayme.
Auffi vous voyant fendre l'air,
Auffi promptement qu'vn éclair
Sur vn cheual qui n'a l'adreffe,
L'agilité, ny la foupleffe,
De faire vn joyeux entrechas

Pour fe fauuer d'vn mauuais pas
 D'horreur tout le monde friffonne
Et tremble pour voftre perfonne,
Qu'àpres cent miracles contez
D'autant de perils éuitez,
Du Ciel mefprifant les Oracles,
Le Ciel apres tant de Miracles
Laffé de vous fauorifer
Geffe de miraculifer,
Et ne faffe quelque journée
Voir en voftre Alteffe affollée
Quelque os defmis, ou difloqué,
Iambes & bras, & cou *quoque*
Ce qui feroit mort affeurée
Car quoy qu'à jambe conquaffée,
N'arriue mort, & pafsion,
Du coup, la conquaffation
Rend le perfonne trefpaffée,
Alors voftre ame difpercée
Laiffant ledit Corps *in pace*
Ne reuient plus en cou caffé;
Et prife qu'Elle à fa vollée
Toute la fcience d'Orphée
Tout fon beau chant & fon Harper
Ne là fçauroient plus rattraper,
Et de fa grandeur eftouffée;

La mort s'en erige vn trophée,
Quand vne fois, par malle-mort,
Dans la biere vn homme s'endort
Toutes les cloches d'vne ville
Ny pour cent francs, ny pour cent
    mille,
Ne le pourroient pas reueiller
Ny mesme le faire bailler,
Et des deux mains la plus habille
De Teuenot ou de Surville
Quoy qu'elle peut executer
Ne le pourroit ressusciter,
Pour Royaume ny pour Empire,
Y pensant, ie pleure & soupire,
Pensez-y bien aussi Seigneur
O dueil, ô regret, ô douleur,
Helas ie me meurs quand i'y pense
Si vous mouriez sans l'ordonnance
De monsieur vostre Medecin,
Ie m'irois rendre Capucin,
Verrüe Seigneur de merite
A l'instant se rendroit Hermitte,
Le Seigneur de Pallauissain
Et Cardet blond comme vn bassin,
Tous deux Gens de belle deffaite
Prendroient bourdon, barbe & clo-

chette;
Et pour leur dueil éternifer
S'iroient bien-toft martirifer
A dieu Phœbus, à dieu Parnaffé
Fut-il plus fier que mont de Trace ?
Ce Mont reduit au petit pié,
Deuiendroit le Mont de Pitié,
Et voftre Docte & cher Horace
Qui chante icy comme le Taffé
Plus de fes chants n'enchanteroit
Nos fens, & plus ne chanteroit,
Dans cette triftesse publique
Voftre bon chien melancholique
Danspeu de jours s'amaigriroit,
Et ie croy bien qu'il en mourroit :
Mais Roussleau deuiendroit etique,
Teucnot quoy que pacifique,
Pacifique plus ne feroit
Et cent fois le iour maudiroit
Tous les noms qui parlent de Pierre
Comme Dampierre & Baffompierre
Et détestant tous les Rochers
Maudiroit tous les Defrochers.
Sans Tabac on verroit vos Gardes
Et vos Suisses fans Hallebardes,
En ce dueil qui n'arracheroit

Barbe, c'est que barbe il n'auroit,
Car les Barbons par sainte Barbe
S'arracheroient trestous la barbe
Ce qui seroit vn piteux cas
En voyant tant de barbe à bas,
Dans vne si belle contrée
Si piteusement débarbée,
Ce que pouuant bien éuiter
Grand Charles qu'on ne peut quitter
Moy, tres-petit Charles supplie
Humblement voftre Seigneurie
De vouloir icy bas durer
Et de daigner nous honnorer,
De voftre chere compagnie,
Cent ans encor en cette vie,
Et tous vos subjets enterrer
Ce que vous pouuez efpérer
Allant à l'ayfe & fans *affano*
Car qui va *Pianno* va *sanno*,
Pianne allez donc deformais
Comme le grand de Piannés
Dont la fageffe & la prudence
Le fçauoir & l'experience
Fait bien connoiftre en verité
Le prix d'vn *Feftina lente*
Prince qui vient, qui va, qui vollé,

Vn peu de tréue à caracolle
Touſiours ainſi caracoler,
Mieux vaudroit Nicolle accoller
Depuis Turin iuſque à Riuolle
Voire iuſqués à Carmagnolle
Belle bouche, à bouche coller
Qu'ainſi volant ſe décoler
Quoy que ſoyez bon, bel & ſage
Soyez-le encore d'auantage
Et plus encore ſi vous pouuez
Allant ſur ces chiens de pauez,
Qui n'ont pas l'eſprit de connoiſtre
Vn ſi bon Prince & ſi bon Maiſtre
Ceſſez de nous faire mourir
De peur en vous voyant courir
Las ceſſez de donner la fiévre
A moy qui plus peureux qu'vn liévre,
Porte vn cœur qui ne pourroit pas
Sans trembler voir vn Prince à bas
Contaminer dans la pouſſiere
Tant d'eſclat & tant de lumiere
Ou ſur vn malheureux verglas
Faire vn malheureux patatras,
Verglas ſur qui c'eſt choſe claire
Le plus preſſé de ſon affaire,
Ne doit aller qu'à petit pas

Bien

Bien mesurez, & par compas,
Si donc point noſtre compagnie
Prince adoré ne vous ennuye
De grace par compaſſion
Vn peu de conuerſation :
Outre qu'en ce bas territoire
Où toute choſe eſt tranſitoire,
Beſoin auons ſans fiction,
De voſtre propagation,
Pour vn iour à gregue Françoiſe
Accrocher juppe piedmontoiſe
Tant qu'en lætification
Los, gloire & jubilation.
Led t Preux Duc, bon, bel & ſage
Viue Ioyeux en bon meſnage
Auec ſon couſin de Bourbon
In ſæcula ſæculorum. Amen.

D

AV ROY.

Requeſte enuoyée de Rome à ſa Majeſté.

IVPPIN de Vertus couronné
Qui de foudres, enuironné
Tenez le Lyon de l'Eſpagne
Sous voſtre pouuoir enchaiſné
Et de qui la foudre a tonné
Si hautement cette campagne
Que le monde en reſte eſtonné
Puiſſiez vous, ô Grand Dieu donné
Ayant la fortune compagne
De voſtre païs fortuné
Aux grands ſuccez predeſtiné
Faire vn Royaume de cocagne
Grand Roy l'honneur de l'Vniuers
Vous reſſouuient-il de ma Lyre
Vous reſſouuient-il de mes airs
Que vous chantiez, & de mes vers
Qui tant de fois vous ont fait rire
Quand plus beau que le Dieu du jour

Dans voſtre lict comme vn amour
Couché, vous me faiſiez redire
Mes chanſons, & me faiſiez lire
Mes Vers aux yeux de voſtre cour
Prince en qui toute gloire abonde
Quand vous eſtiez vn Roy de laict
Vous auiez d'vn Ange l'attraict
Le teint vif & la face ronde
L'amour auec ſa treſſe blonde
Auprez de vous eſtoit bien laid
Maintenant que l'Auguſte traict
De voſtre valeur ſans ſeconde
Des Roys vous rend le plus parfait
Ie voudrois ſçauoir en effet
Comme le plus grand Roy du monde
Peut auoir le viſage fait
Donnez à mon juſte ſouhait
Cette ample & digne recompenſe,
Implorez pour moy la clemence
Du Saint Pere au chappeau vermeil
Qu'il me donne pour penitence
Par l'Arreſt de ſon ſaint Conſeil
D'aller à pied juſques en France
Pour vous faire la reuerence
Comme vn ombre à voſtre reſveil
Sortant de ce lieu triſte & ſombre
                              D ij

Ou des moutans j'accrois le nombre
Monarque en vertus sans pareil
Ie ne peux plus n'estant qu'vn ombre
Fixer mes yeux sur mon Soleil
Si pour soûtenir la lumiere
Qui sur voftre front glorieux
Forme les Rayons precieux
Que toute la terre reuere
L'Aigle qui vous craint en tous lieux
Qui tremblante vous confidere
N'a pas mefme d'affez bons yeux
Contemplant l'eclat radieux
D'vn Aftre qui dans fa carriere
Fait baiffer l'œil & la paupiere
Aux plus fuperbes demy Dieux
Ie ferois trop audacieux
Et mon foible œil trop temeraire
Ce n'eft pas que fans vous defplaire
Le mefme œil qui vous a connu
Depuis le ventre de la mere
Vn Roy toûjours fort ingenu
Mais Roy déja fage & fevere
Majeftueux & retenu
En bonne foy ne vous ait veu
Lors que vous eftiez en braffiere
Au moins fept ou huict fois tout nu

Mais maintenant que voſtre pere
Vous paſſez d'vne palme entiere
Et que vous eſtes deuenu
Si puiſſant en toute maniere
Que vous n'auez rien de menu
Mais grands bras, grande capilliere
Grand cœur, grand eſprit inuaincu
Et valeur ſi grande & ſi fiere
Qu'ainſi que feu Trotemenu
Le Grand Seigneur eſt reuenu
Tres bien battu en ſon grand Caire
A la maiſon chauffer ſon cu
Qu'au ſeul bruit de voſtre vertu
Et Militante & Militaire
On void ſans l'orgueil abbatu
Du Lyon par vous combattu
De l'Hydre & de la corne altiere
Du croiſſant par vous rabbatu
Trembler l'vn & l'autre Heiniſphere
Et qu'enfin de voſtre beau cru
Ce Fils ſi droit, ſi grand, ſi dru
Qui la puiſſance ne craint guere
De ce fier aſtre au front cornu
Pour deffendre ſon reuenu
Porte deſia pique, & rapiere
Ombragé de tant de lauriers

Enuironné de tant de Gardes
Et fuiuy de tant de Guerriers,
De feu, de fer & de bombardes
Ou plus petit qu'vn champignon
Nifus auroit fur le chignon
Et Nembrot auroit des Nafardes
Ie fuis trop petit compagnon
Pour franchir tant de hallebardes
De mefche & de poudre à canon
Helas ic ne voudrois finon
Voir voftre fabrique nouuelle
Du Louure, & de voftre Chapelle
Laquelle pourtant ce dit-on
N'eft ny fi bonne, ny fi belle
Que celle de voftre façon
On dit que jamais la Truelle
Du Dieu qui fut jadis Maçon
Ne fit jamais fabrique telle
Ie voudrois bien voir ce poiffon
Qui m'a coufté mainte chandelle
Et comme le pauure Arion
Dans cette tempefte mortelle
Luy pouuoir dire vne chanfon
Qui feroit bien d'vn autre ton
Et plus lamentable que celle
Que mon Page en voftre ruelle

Chantoit quand vous eftiez garçon
Entendre encore vn peu le fon
Du fiffre de la colonelle
Et ce joly colintanpon
Voir le Nain de Madamoifelle
Et quand plus beau qu'Endimion
Sur voftre Char comme Appollon
Diane aux Forefts vous appelle
Voir voftre attelage fi bon
Vos Cheuaux couleur d'izabelle
Puis du haut de quelque maifon
Ou du haut de quelque tourelle
Crier vous voyant fur l'arçon
l'entends fur l'arçon de la felle
Viue le grand Roy de Bourbon
Et puis reprendre mon bourdon
Pour fuiure la parque cruelle
Sur les riues de l'Acheron
Et porter dans mon Efcarcelle
Le tribut qu'on doit à Charon.

A MONSEIGNEVR

LE CHANCELLIER,

Pour obtenir mon Priuilege.

REQVESTE.

PVis qu'auant heure clandeſtine
  Qui doit finir tous mes feſtins
Malgré la Parque & ſa Bobine
Et les plus farouches Lutins
Ma pauure Muſe peregrine
Reuoit vos cheueux argentins
Lè Louure & la Place Dauphine,
Le Pont-neuf &' les Theatins
Eſprit dont les rayons Diuins
Brillent d'icy juſque à la Chine
Soufſrez que ma Muſe badine
Et qui badinant aux plus fins
Fait voir qu'elle eſt d'engeance fine
                    Humblement

Humblement à vos pieds s'incline
Pour vous baiser les escarpins
Que cent ans la bonté diuine
Pour la gloire de nos destins,
De nos Roys & de nos Dauphins
Vous fasse sans courber l'eschine
Cueillir la rose sans espine,
Et sceller tous nos parchemins
Qu'elle garde vostre poictrine
Du chagrin qui l'ame assassine
Et vos precieux intestins,
De tous remedes assassins
Car moy qui sans cesse rumine
Et ruminant ratiocine
Et qui sans l'ayde des Rabins
Ratiocinant vaticine,
A voir sous vostre capeline
Vos sens si gaillards & si sains
Vostre levre assez coralline,
Et dans ces globes cristallins
Vostre ame qui sur tout raffine
Ma foy vous auez bien la mine
D'enterrer tous vos Medecins
Et faire la nique aux bassins
Du Demon de la Medecine
Grand Miracle de l'vniuers

E

A qui i'ay des fois plus de quatre
Donné la Musique & les Vers
Moy que la fortune maraftre
Ny tous les Demons des Enfers
Ny tous les monftres du Baratre
Ny malgré deux fois trente Hyuers
La Mort mefme ne peut abbatre
Vn deftin cruel & teftu
Me tient à vos pieds abbatu
C'eft en vain que pour le combattre
l'aiguife mon efprit pointu
Contre moy cét Accariaftre
Fait rage de fon pied tortu
Et fi vous ne mettez l'emplaftre
Au mal dont ie fuis combattu
Mon pauure Parnaffe eft à cu.
Vous des hommes le plus grand hóme
Le plus fage & le plus accord
Ie vous conjure & ie vous fomme
D'affommer le mal qui m'affomme
Faute d'vn petit paffeport
Depuis fix mois ie me confomme
Sans pouuoir arriuer au port
Encor fi pour mon reconfort
I'auois mes beaux efcus de Rome
Soit petite ou foit grande fomme

D'efcus ce Celefte renfort
Me feroit dormir d'vn bon fomme
Car qui pain n'à point ne s'endort
Mais ie fuis loin de tout fupport
Ie ne difne que d'vne pomme
Et ne foupe que d'vn refort
Ie n'ay plus de corde à ma Lyre
Ie fuis greflé du vent de Nord
Grand Chancelier que tout admire,
Qui fans trauail, & fans effort
Me pouuez donner dequoy frire
Qu'attendez-vous, ô digne Sire
De releuer mon trifte fort
Pour me paffer au noir Empire
Caron m'attend deffus fon bord
Las ! ie n'auray que trop de cire
Pour m'efclaircir apres ma mort.

Ie compoſay ces vers à Rome, que ie
donnay à Monſeigneur l'Abbé le
Tellier, aujourd'huy Coadjuteur
de Reims.

VOus qu'vn grand Peuple mor-
      fondu
Dans ces lieux a fort attendu
Soyez le bien venu dans Rome,
Sçauant Abbé, Docte & congru,
Qui ne diſnez pas d'vne pomme
Ny d'un cu d'artichaut tout cru
On dit icy que grande ſomme
Vous apportez en maint eſcu
Clair & content, ó l'honneſte homme
Soyez le bien venu dans Rome
Seigneur ſoyez le bien venu.

  Car parmy ce peuple cornu
Ou pour y brauer la miſere
Maint beau Palladin va tout nu
Ou maint Baron eſt paruenu
De l'Hoſpital, à la Galere
Ou le plus braue eſt en braſſiere
Ou le plus chaud à froid au cu

Bref ou faute d'argent batu
On void sans fourreau la rapiere
Releuer le fort abbatu
De l'orgueilleux chappeau pointu
C'est au quatrain que tout deferre
C'est en luy seul que tout espere
Et fut-on cent fois mieux vestu
Que le grand Roy du Ianissaire
Eut on l'Empereur pour son frere
Et pour sa Sœur Dame vertu
On a beau dire, on a beau faire
Sans ce Soleil qui tout esclaire
On est moins prisé qu'vn festu.

Mais puisque de maint bel escu
Icy vous portez grande somme
Seigneur soyés le bien venu
Soyez le bien venu dans Rome
Tout vostre train, gros & menu
Et sur tout le cheual de Somme
Qui porte vostre reuenu.

Mais quoy l'on dit bien dauantage
Toute Rome tient ce langage
Que de ce diuin quart d'escu
Connu du jeune & du chenu
D'icy jusques au l'Othophage

E iij

Mais dont l'vſage eſt plus connu
Que vous en connoiſſez l'vſage
Quoy donc, & ſi jeune & ſi ſage?
O merueille de l'Vniuers
Grand Abbé digne de mes Vers
De toute gloire, & tout hommage,
I'ay roulé la terre, & les Mers,
I'ay couru plus loin que le Tage
Et veſcu deux fois trente Hyuers,
Sans rencontrer en plaine ou plage
Quatre hommes du plus haut eſtage
Qui de ſes longs habits couuerts
Dans leur plus honneſte meſnage
Ne fuſſent faillis de courage
Cent fois plus que des ladres verds,

Quoy donc ce traiſnant equipage
Qui met tant d'eſprits à l'enuers
Ne vous a pas fait plus ſauuage
Quoy joignant à voſtre potage
Entre dix ou douze couuerts
La bonne chere au bon viſage
Vous receuez à bras ouuerts,
Amis, cheual, arme, & bagage
Et des pucelles que ie ſers
Vous cheriſſez le doux ramage

O source de charmes diuers
Grande merueille de noftre âge
Vous faictes donc tout à reuers
De cette Trouppe cacophage
Qui fait icy tout de trauers.

Vrayment ce n'eft pas vne fable
Ce que de vous on m'a conté
C'eft à bon droit qu'on m'a vanté
Voftre merite incomparable
Et voftre perfonne adorable
Dont tout efprit eft enchanté
Voftre maniere en verité
Me paroift affez raifonnable
Car pour tout dire en liberté
En homme d'honneur & fincere
Vn Grand fans liberalité
Ne vaut pas de l'eau toute claire
Et de toute fa vanité,
De fon fafte & de fa fierté
Le monde n'ayant point affaire
Non plus que de fa dignité
Le monde en dit lere lanlere
Et l'appelle vn vilain botté
Icy beaucoup moins neceffaire
Que ce Bronze où l'on void monté

Ce grand Roy dont la Majesté
L'œil humain peut bien satisfaire
Mais qui n'ayant ny charité,
Ny sentiment d'humanité,
De ces beaux traits que l'on reuete
Iamais aucun n'a profité,

Le grand Prince tout au contraire
Possedant cette qualité
Qui tient de la Diuinité
Fut-il tout chancre & tout cautere
Eut-il le corps fait comme vn T
Le nez plus long & plus flutté
Qu'vn Alambic d'Apotiquaire
Fut-il plus meschant qu'vn Cerbere
Et plus sot qu'vn asne basté
Bigle, tortu, fol, effronté,
Et plus bossu qu'vn Dromadaire
Tout cache son infirmité
Pourueu qu'il donne ample salaire

Ce feu Prince tant regretté
Qui dans vn corps vn peu gasté
Portoit vn cœur si debonnaire
Et dont l'esprit & la bonté
A tout le monde fut si chere

Ce ne fut pas pour fa beauté
Mais pour fa generofité,
Iadis à tous fi falutaire
Qu'en fon dos on a refpecté
La plus rare conuexité
Du Prince le plus montifere
Que jamais la terre ait porté.

Et ce Demon tant redouté
Qui dans mainte & mainte bataille
A l'Efpagnol fi bien frotté
Et battu d'eftoc, & de taille,
Bien qu'il ne fut au champ d'amour
Pas du tout fi beau que le jour
Et que danfant la paffecaille
Ce Prince adoré dans la Cour
Eût le jarret & le col court.
On n'a jamais dit à Verfaille
Quoy qu'il fut de petite taille
Que le grand Comte de Harcourt.

Tellier qu'icy tout confidere
Qui dans vne ame grande & fiere
Portez pefant plus d'vn millier
Du bel honneur & du plus fier
Qui fans tâche & fans vitupere

Droit & ferme comme vn pillier
Riche d'esprit & de denier
Sur vne mer douce & prospere
Auez vn Roy pour Nautonnier
Si vous suiuez ce saint mestier
Bien-tost la bonne & sainte Mere
Vous fera nommer saint Tellier,
Et vostre nom que l'on revere
Vn jour en rouge caractere
Ornera le Calendrier
Car enfin à bien raisonner
Bien que d'vn chappeau le Saint Pere
Pourroit icy vous guerdonner
Et vostre vertu couronner
Vostre esprit si plein de lumiere
Et si sçauant en tout mystere
Ne vient pas pour hymne entonner
Ny pour prendre le Scapulaire,
La haire, ny pour y jeusner
Mais pour y faire grande chere,
Pour parroistre, & pour y donner
Et vostre nom faire sonner
Sur l'vn, & sur l'autre hemisphere.

Ce Seigneur splendide, & ge-
nereux me commanda de l'aller

voir le lendemain à son leuer,
mais le Ciel qui m'apprestoit
bien d'autres disgraces, ne per-
mit pas que ie profitasse de cette
heureuse rencontre, car il se
chargea de tant de nuages, & fit
tant pleuuoir ce matin là, que
pour m'accommoder au mau-
uais temps, ayant quitté vn fort
bel habit noir, pour prendre vn
meschant habit gris, mon mal-
heur voulut que ie ne fut pas re-
connu de ce genereux Seigneur
dans cét habit gris, & le lende-
main le voulant faire rire de ma
disgrace, ie luy porté cette Epi-
gramme.

A Monſeigneur le Tellier,

EPIGRAMME.

Maudit ſoit le temps & l'orage,
Qui m'ont fait changer d'équi-
  page,
Quoy verra-t'on toûjours pleuuoir,
Ce matin i'ay fait vn voyage
Chez vous pour vous rendre vn
  hommage
Qu'on appelle vn juſte deuoir
Mais i'ay ſoudain plié bagage
Commençeant à m'apperceuoir
Qu'en cét habit gris & ſauuage
Voſtre œil où giſt tout mon eſpoir
N'a pas reconnu mon viſage
Demain quand ie vous iray voir
Grande merueille de noſtre âge
Ie reprendray mon habit noir

Le jour d'apres ſuiuant l'in-
tention que j'auois de le diuer-

tir, ie luy portay cét autre Epi-
gramme, ou ie fais parler Mon-
fieur le Tellier.

RESPONCE A L'EPIGRAMME
du Sieur Daſſoucy.

EVſſiez-vous eu tout gris juſques
à vos manchettes
Et dans ce vieil habit, ſi ſauuage & ſi
gris,
Euſſiez-vous eu le bec d'vne Chauve-
ſouris,
Ie vous euſſe connu ſans prendre des
lunettes
I'ay veu de l'Helicon, les eaux claires
& nettes,
Et j'en connois fort bien & le père
& les fils,
Mais voyant qu'en ces lieux ce Dieu
des chanſonnettes
Appollon maigre & ſec, y mange ſon
pain bis

Qu'il a quitté son Luth, pour pren-
dre des cliquetes
Qu'il n'a plus son crin d'or, ny son
char de rubis
Que ses Sœurs ne sont plus que des
vieilles mazettes
Qu'il demande la manche ainsi que les
Trompettes
Et que par tout il fait le demy crucifix
Ie n'eusse jamais creu que ce Dieu des
Poëtes
Pour vestir ses enfans eut vaillant
deux habits.

Quelque temps après, ie luy
composay encore ces Vers.

A Monseigneur le Tellier,

REQVESTE BVRLESQVE.

Grand Fils du grand Atlas, du
grand Roy nostre Sire
Vous m'auez commandé de vous voir
chaque jour

J'en sçais bien la raison, c'est que
   n'ayant pû dire
Tout ce qu'en vostre esprit de grand
   on void reluire
Qu'icy Rome contemple, auecque
   tant d'amour
Et que bien mieux que moy, d'autres
   ont pû descrire
Vous voulez qu'admirant dans ce
   pieux sejour
Ce qu'en vos qualitez toute la pour-
   pre admire
J'en puisse mieux parler, retournant
   à la Cour.

Aussi laissant à part Monsieur de
   Taillecourt
Et son cher Nourrisson qui plus dur
   que Porphire
Sans Monsieur de Grammont seroit
   demeuré sourd
Aux accents gracieux de ma burlesque
   Lyre
Grand Fils du grand Atlas du grand
   Roy nostre Sire
Qui sçauez plus de Grec qu'vn Re-

gent de boncourt
Chez qui jufqu'au foüillon qui tient
    la paëlle à frire
Chacun fçait raifonner, fçait parler
    & fçait lire,
Grand Tellier qui fçauez & le contre
    & le pour,
Et chez qui la fpendeur en fon plus
    haut Empire
Ne veut ny pleure pain, ny vilain
    Caftradour
Ny vil adulateur, ny lague qui déchire
Ny fordide abftacteur, ny griffon, ny
    vautour,
Si vous mettiez vn peu dedans ma
    tirelire
De ce diuin aymant, qui toute chofe
    attire
Iufqu'à la chair du pot, & jufqu'au
    pain du four
Par ma foy Monfeigneur, après vn fi
    bon tour
De cette noble ardeur, que l'hon-
    neur vous infpire
I'en pourrois bien efcrire & parler à
    mon tour.
                Mais

Mais le Ciel qui prenoit toû-
jours la deffence de Monsei-
gneur le Tellier contre mes in-
terefts, ne me donna pas le temps
de luy prefenter cette Requefte,
pource qu'il fçauoit bien qu'elle
auroit efté interinée; ie fus arre-
fté le mefme jour, & mené à
l'inquifition, ie fçais qu'à ce mot
d'inquifition tu fremiras, cher
Lecteur, mais r'affeure toy, quoy
que de toutes les Iuftices du
monde celle-cy foit la plus
fainte, & la plus jufte, cela n'em-
pefche pas qu'elle n'agiffe plus
fouuent fur les mal'heureux que
fur les coupables, & que contre
fon intention elle ne ferue à ven-
ger la paffion d'autruy, plutoft
que les interefts de Dieu, quoy
que l'on die de la liberté de
Rome, c'eft bagatelle, cette
liberté n'eft qu'en peinture, il

est vray que l'on y peut marcher
toute la nuict sans craindre ny
le voleur ny l'assassin, mais on
n'y sçauroit faire vn pas sans
craindre l'embusche de l'espion,
vostre Valet, vostre Seruante,
vostre parent & vostre Amy sont
vos espies sur peine de damna-
tion, cela n'empesche pas qu'on
ne puisse demeurer dans Rome
tant qu'on n'y aura pas d'enne-
mis, ou que l'on sera sous la pro-
tection de quelque Cardinal,
autrement il y a du danger, pour
vn mal'heureux, principalement
s'il tombe entre les mains des
Prestres qui pardonnent tout
hors leurs propres injures, aussi
ayant esté attaqué dans Rome
par vn Prestre, si i'en suis sorty si
glorieux & si triomphant, c'est ce
que l'on n'a encor jamais veu, &
ce qui sera dautant plus admira-

ble à voir dans mon Hiſtoire;
que cette adventure n'a point
d'exemple, mais d'autant que tu
verras le deſtail de cette mer-
ueilleuſe rencontre dans la der-
niere partie de mon Hiſtoire, ie
me contenteray de t'en dire icy
ſuccinctement le ſujet : I'eſtois
ſur le point de retourner en
France & ſans me ſouuenir que
ie n'eſtois point à Paris, mais que
j'eſtois encore à Rome, moy qui
juſques à ce temps là m'eſtois
toûjours tenu clos & conuert,
ie fus aſſez ſimple pour faire
voir mes adventures d'Italie à
pluſieurs perſonnes de qualité,
Mais d'autant que ce n'eſtoit pas
aſſez pour l'intention que l'eſprit
malin auoit de me deſtruire,
d'auoir publié mes eſcrits, il
m'inſpira de faire des vers con-
tre l'economie qui ſemble eſtre

naturellément attachée à la robe
longue, qui dans ce païs lezineux
& vindicatif, m'auroient infailli-
blement perdu, ſi le Saint Eſprit
en même temps ne m'eût inſpiré
d'en faire d'autres contre la
Rome ridicule de ſaint Amant,
mais d'autant que ce que i'auois
écrit en faueur de Rome, n'auoit
point encore paru; & que ce que
i'auois fait contre le menage de
certains Prelats, auoit eſté veu
de tout le monde mon ennemy
n'eut pas de peine à perſuader au
feu Papé Clement IX. que puis
que i'auois eſté ſi hardy de parler
ſi peu dignement de la robbe
dans vn lieu, ou principalent elle
doit eſtre reſpectée, qu'on ne
manqueroit pas de trouuer des
choſes encore plus libres, ſi
l'on viſitoit les écrits que ie me
preparois de rapporter en Fran-

ce, je fus donc arresté & mené
au saint Office, où ie pouuois
bien dire d'eux, *Nesciunt quid fa-*
ciunt ; puis qu'ils traittoient de
capital ennemy, le plus grand
amy de leur gloire, cela pour-
tant n'auroit pas empesché que
ie n'eusse bien mal passé mon
temps, si dans ce lieu fort saint
mais encor plus seuere, ie n'eusse
eu affaire qu'à des Moines, car
quoy qu'il n'y eut rien dans mes
escrits, ny contre les bonnes
mœurs, ny contre l'honneur des
Prelats, ny contre la Religion,
pource que ie ne crois pas que
l'homme puisse faire vne plus
grande sottise que d'employer
son esprit à se détruire, il n'y
auoit pourtant assez de verités,
pour meriter du moins leur aver-
sion comme tu verras en plu-
sieurs endroit de mes liures, où

ie vante la pieté, & l'erudition
de nos bons Religieux, au pre-
judice de la capacité des Moynès
d'Italie, que j'accufe de fçauoir
peu de Latin, & encore moins
de Theologie; outre céla j'infulte
te cruellement contre le priui-
lege qu'ils ont de retirer les affaf-
fins dans leurs Eglifes & fronde
encore plaifamment l'auarice &
l'hypocrifie de fes peuples. Mais
comme j'eſtois entre les mains
du feu Pape Clement IX. non
feulement Prince tres-jufte &
tres-Saint, mais tout à fait éclai-
ré, & fort ennemy de la fuperfti-
tion, & de la cagoterie, comme
ils m'auoient traitté d'ennemy
fans me connoître, ils me traitte-
rent d'amy apres m'auoir connu,
ils me fortirent donc auec hon-
neur de ce pieux Enfer, & pour
me montrer vne entiere confian-

ce, ils ne fe contenterent pas de
me rendre, auec tous mes efcrits
la Rome ridicule de S. Amant,
ils me laifferent emporter tout
le papier dont ie leur eftois com-
ptable que j'auois écrit dans ma
Prifon, ce qui ne fe fait jamais
dans cette forte de Juftice, que
diray-je plus cette piece contre
faint Amant que tu verras dans
le dernier Liure de mes adven-
tures fut fi bien receuë de ce
Saint & genereux Pape, qu'il me
voulut voir à fon Audiance, où
apres luy auoir baifé les pieds, &
prefenté quelques Vers, il me
regala d'vne fort belle medaille
d'or ou eftoit fon portraict, &
m'accompagna de tant de Bene-
dictions & d'Indulgences, qu'il
ne faut pas s'eftonner fi depuis
ce temps là i'ay fi bien profité,
mais ce qui dans cette rencontre

extraordinaire me paruſt de plus
ſingulier & de plus digne d'ad-
miration, c'eſt qu'au ſortir de ce
ſaint lieu, j'appris que celuy qui
m'auoit preſté cette charité,
c'eſtoit vn Euéque d'Eliopolis
fort pieux, & fort charitable;
Mais que pouuois-je eſperer da-
uantage que de la trahiſon & de
l'infidelité d'vn homme qui ve-
noit *de ſ'artibus in fidelium*, com-
me ie ne l'ay jamais ny veu ny
connu, en vain j'employerois icy
mon pinceau pour te le dépein-
dre, mais s'il eſt vray ce que l'on
m'en a dit, il doit eſtre garny
d'vne paire d'yeux fort hagards,
d'vne barbe ronde fort touffuë
& fort noire, & d'vn eſprit encor
plus noir & plus eſpais; pour
moy ie n'en ſçaurois que dire,
mais il eſt certain que dans le
monde il n'y a eu que les ſous ou
les

les meschans qui m'ayent atta-
qué, ie ne laisse pas pourtant
d'estre bien obligé à ce saint Per-
sonnage d'estre venu de Grèce
en Italie, pour m'honnorer de sa
sainte Persecution, & ie rends
graces aujourd'huy publique-
ment à ses soins, de m'auoir
procuré cette derniere adven-
ture, dont j'auois si grand besoin
pour couronner la fin de ma vie,
& la fin de mon Ouurage par vne
conclusion qui estoit si necessaire
à mon salut & à ma gloire, aussi
pour n'en demeurer pas ingrat ie
luy fis ces beaux Vers:

Ta vengeance est mal assouuie
Monstre brutal & furieux
Les traits de ta cruelle enuie
M'ont éleué jusques aux Cieux
C'est par toy que dans ma pattie
Ie retourne plus glorieux
Et que le monde verra mieux

G

Ma conſtante Philoſophie ?
Il me manquoit de ta furie,
Ce coup traiſtre & pernicieux
Pour me rendre plus precieux
Au dernier terme de ma vie
Va te pendre monſtre ſans yeux
Les traits de ta cruelle enuie.
M'ont éleué juſques aux Cieux.

Non, perfide ne te pend pas
I'ay l'ame trop belle & trop tendre
I'ay trop de graces à te rendre
Pour ſouffrir vn ſi piteux cas
Au contraire fier Barrabas
Si le Demon te veux ſurprendre
Siffle en paume ſans plus attendre
Ie ſuis ſoudain deſſus tes pas
Et ſi ma priere icy bas
Pour de ſes griffes te deffendre
A pour les Cieux quelques appas
Crois fiere engeance de Iudas
Que pour t'empeſcher de te pendre
Ie priray Dieu juſqu'au treſpas

Ces Vers fembleront affez plai-
fants pour auoir efté compofez
en vn lieu ou on n'a pas fujet de
rire.

✿✿✿✿✿✿✿✿✿✿✿✿✿

A Monfeigneur le Duc de Briffac.

R Are efprit grand Duc de Briffac
   Charmant & celefte genie
Aujourd'huy que ie fuis à fac
Enuoyez-moy ie vous fupplie
Des efcus plein vn petit fac
Car il n'eft rien qui fortifie
Tant le cœur ny tant l'eftomac.

  Dans cés triftes lieux où l'enuie
Me tient attaché comme vn brac
Ie ne fçais pas fi la furie
Ou la rage de quelque Drac
Dedans vn four comme Sidrac
Veut confiner ma trifte vie
Ie n'entends point ce mic & mac
Enuoyez-moy ie vous fupplie
Des efcus plein vn petit fac.

En tout cas ce coup de Iarnac
Me femble vn grand coup de magie
Car il n'eft point d'Aftrologie
Ny d'Almadel ny d'Almanac
Qui m'enfeigne, ny qui me die
Si c'eft ou le pourpre ou le tac
Qui fait icy ma maladie
Enuoyez-moy ie vous fupplie
Des efcus plein vn petit fac.

Ma foy ce n'eft pas mocquerie
De grace vn peu de cottignac
Ie fens pleine de barbarie
La Mort qui met tout au biffac
Se jetter fur ma fripperie,
Adieu Paris, adieu Patrie
Adieu beau Mail, bel Arfenac
Louure, Pont-neuf & Tuillerie
Defia Caron fur le Tillac
De fa Barque vieille & pourrie
Pour me mener en Tartarie
M'attend fur le bord de fon Lac,
Bafte j'y verray compagnie
I'y verray mon grand Pere Ifaac
Mon Oncle, & ma tante Marie
Abimelech, & feu Mifac
Scaron, Voiture, & feu Balzac

Si mefme voftre Seigneurie,
Qui ne craint froid ny vent, ny pluye
Ny le tonnere qui fait crac,
Vouloit entrer dedans mon bac
Et paffer par gallanterie
Dans cette campagne fleurie,
On y prend de fort bon tabac
Et l'eftuue eft affez jolie,
Enuoyez-moy ie vous fupplie
Des efcus plein vn petit fac.

A noftre Sainct Pere le Pape Clement IX.

PApe des Papes l'ornement
Digne Succeffeur de Saint Pierre
Du cru de voftre fainte Terre
Puiffiez-vous viure longuement
Et fubfifter dans voftre Chaire
Encor vn fiecle feulement
Souffrirez-vous ô grand Clement
Ange du Ciel, Dieu Tutelaire
Sous voftre Empire fi charmant
Que là torche brillante & claire

Qui porte jufqu'au Firmament
L'adorable & fainte maniere
De voftre faint Gouuernement
Dans le fein de la fainte Mere
S'admortiffe en vous efclairant
Et qu'en ce refte de matiere
Qui fournit encor d'aliment
A la flamme qui vous efclaire
Contrainte par la loy feuere
De fon deftin trop inclement
De rechercher à tout moment
Vn plus doux port en fa mifere
Elle trouue en fe confommant
Au feu mourant de fa lumiere,
En foy-mefme fon monument

Ie trauaillois à voftre gloire
Saint Pere alors que ie fus pris
Et j'en exaltois le haut prix
La chofe eft bien facile à croire
Puis qu'on la voit en mes efcrits
Cependant, ô l'eftrange Hiftoire
Dans le trifte eftat où ie fuis
Ou dans le cruel acceffoire
De tant de maux & tant d'ennuis
Ie fais icy mon purgatoire

Des fiers Démons la troupe noire
Vient me troubler toutes les nuicts
l'ay déja perdu la memoire
Ie ne fçais plus ce que ie dis
Tous les fens me font interdits
Ie perds le manger & le boire
Sacré rempart du Crucifix
Qui tenez fous vos pieds benits
De tout l'Enfer la troupe fiere
Saint Pere au nom de Dieu le Fils
Rendez le jour à ma paupiere
Ce n'eſt pas vn moindre myſtere
D'arracher aux malins eſprits
Vne ame qui fe defefpere
Que d'en mettre vne en Paradis.

A Monſieur l'Abbé de Machault.

O Vous mon Ange de Farneze
Eſprit exempt de tous deffauts
Rare Abbé, l'honneur des Machauts
Prez d'vn bon feu bien à voſtre aiſe,
Dieu vous conferue les pieds chauds;
Las parmy les maux que i'endure,

Le plus cruel de tous mes maux
N'est pas la faim, c'est la froidure
Qui pour terminer mes trauaux
Creuse en ces lieux ma sepulture
Bien qu'icy tout homme pour Dieu
Brûle d'vne charité pure
On ne laisse pas ie vous iure
D'auoir bien froid en ce saint lieu
Il n'est icy point de milieu
Il faut mourir sous ta torture
Cruel Bourreau de la nature
Barbare Hyuer ie suis tout bleu
Ie suis icy sans feu ny leu
Et si quelqu'vn par aventure
De ces Vers faisant la lecture
Disoit que i'ay beaucoup de feu
N'en croyez rien, ie vous asseure
Que ie n'en ay ny prou, ny peu.

Pour le reste à n'en point mentir
Ie suis beaucoup mieux qu'on ne pese
Car mon manger en recompense
Est vn precieux elixir
Dont l'admirable quintessence
Est trop conforme à mon désir
Pour s'opposer au doux plaisir.

Que i'ay de mourir d'abſtinence
Certaine chair dont l'exellence
Fait bien voir qu'on la ſçait choiſir
Deuant qui l'on verroit perir
Dans ſa famelique indigence
Celuy qui fut de la vengeance
De Ceres l'affamé martyr
De qui la faim ſans s'amaigrir
N'oſeroit faire ſa pitance
Et que pour dignement punir
Ceux qui la mangent ſans licence
Le temps vengeur à fait pourir
Feroit icy ma ſubſiſtance
Et les vers qu'on y void courir
Que mon triſte œil ne peut ſouffrir
Malgré le nez qui s'en offence
Pourroient ayder à me noûrrir
Si le ver de ma conſcience
Qu'en vain j'appelle à ma deffence
Les pouuoit porter ſans mourir.

Pour mon breuuage amer & fort
Compoſé d'abſynthe & de ruë
Si ſe m'en plaignois, i'aurois tort
Puis qu'à ma pauure ame abbatuë
Il prepare vn plus heureux port

Mais c'eſt en vain qu'il s'eſvertuë
De finir mon tragique ſort
Bien que la parque en ſoit d'accord
Ny l'Aconit, ny la Ciguë
Sur moy ne font aucun effort
Et malgré la fureur aiguë
De tout le poiſon qui me tuë
Ie vis en dépit de la mort.

Dans ce ſombre & triſte manoir
Sous deux baſtons faits en potence
Qui pour finir mon deſeſpoir
Me promettent toute aſſiſtance
Vn matelas de conſequence
Que cent trois ans ont teint en noir
Et dont la ſolide ſubſtance
Qui par le temps n'a pû deſcheoir
Sous tant de Sainéts miſe au preſſoir
Apres vn ſiecle de ſouffrance
Contre mon gré me fait bien voir
La fermeté de ſa conſtance
Me feroit vn lict d'importance
Si la Muſe qui chaque ſoir
Voudroit s'eſtendre & non s'aſſeoir
N'eſtoit touſiours en competence
Auec la petite exiſtence

Du lieu qui contre tout deuoir
Refuse à mes pieds la licence
De s'y loger & s'y pourvoir
Dans ce bien-heureux reposoir
Où des pauots toute l'essence
Pour endormir ma vigilance
N'a sur mes yeux aucun pouuoir
On auroit peine à conceuoir
Le srares traits de ma vaillance
Quand Escrimant a toute outrance
Contre vne troupe d'Yroquois
Tous affamez de sang François
Malgré leur barbare puissance
Ie reprime leur violence
Et que plus braue mille fois
Ny que Cesar, ny qu'Alexandre
Mon poulce auec deux petits doigts
Dans vne nuict fait plus d'exploicts
Que les Soldats de l'Isle en Flandre
N'en ont sçeu faire en demy mois.

Aussi quand la main courroucée
De ce grand Dieu qui me punit
De me punir sera lassée
Voicy ce que le Saint Esprit
A fait couler dans ma pensée

Au sortir de ce lieu benit,
Ou ma carcasse decharnée
Dans ma chambre sans cheminée
Malgré l'Hyuer traistre & maudit
N'est pas du tout exterminée
Ou l'on ne meurt, ou l'on ne vit
Où sur vn ais qui fait mon lict
La chair la mieux assaisonnée
Donne cent Morts à l'appetit
Ou sans l'espoir qui me nourrit
Desia ma vie infortunée
Par la mort seroit terminée
Du fol Hebreu qui se pendit
Où le Soleil n'a point d'entrée
Ou les pleurs n'ont point de credit
Où le feu mesme est interdit
Bref ou la plus courte journée
Me semble vne eternelle nuict,
Ie iure l'Astre qui me luit
Et sa lumiere saffrannée
Que le monde verra le fruict
D'vne ame aussi moriginée
Et d'vn garçon le mieux instruict
Que la vertu plus raffinée
Iamais dans le monde ait produict.

Sur l'Affaire que Monseigneur le Duc de Crequy eut à Rome.

MEre de Dieu Sainte Marie
   Qui vit jamais tellé furie
Sommes-nous icy dans vn bois
Quel bruit, que de confuses voix
O la desplaisante harmonie
Quoy dans la commune patrie
Sous l'azile des saintes Loix
On nous assassine, & l'on crie
Haro sur les pauures François
Quelle fureur, quelle manie
Sommes-nous en Mauritanie
Chez les ennemis de la Croix
On attaque & sans raillerie
Vn membre de la Librairie
On vient d'en tuer vn Bourgeois
Homme sage & de confrairie
Comment! vn Page est aux abois
Ma foy ce n'est pas mocquerie
C'est fureur & forcenerie,
Et moy plus bas de quatre doigts
En plein occiput j'en tenois.

De mourir Ie n'ay point d'enuie
Si i'eſtois mort, j'enragerois
Ouy j'enragerois tout en vie
De paſſer pour Anatomie
Chez quelque Barbier Albanois
Arrachant les dents trois à trois
Vertubleu quelle Epiphanie
Comme icy l'on feſte les Roys
Fuyons d'icy ie vous ſupplie
Seruo de voſtre Seigneurie,
O l'Hoſteſſe gardez vos pois
Et vos prunes de Barbarie
Pour les Turcs ou les Yroquois
Dieu qui vid jamais telle rage
Tuer ainſi les gens de bien
Baſte encor vn Lutherien
Ce ne ſeroit pas grand dommage
Mais tuer vn ſi joly Page
Vn ſi jeune & ſi beau Chreſtien
Comment donc vieille garce à chien
Rome trop cruelle & ſauuage
Vn Page n'eſt-il bon à rien
Vn Page ſi jeune & ſi ſage
De ſi gentil joly corſage
Et de ſi charmant entretien
Quoyque mal duit à voſtre vſage

Eſtoit-il piedbot, ou col tords
N'eſtoit-il pas beau de viſage
Quoy n'auez-vous point de remords
Vn enfant plus doux qu'vne image
Amy du chant & des accords
Déja ſçauant en proſe, & mettre
Et plus ſçauant que Sizimettre
Quoy le mettre au nombre des morts
Vos corſes ſi fiers & ſi forts
N'auoient-ils autre choſe à mettre
Que des balles dedans le corps
Si vos Pages qui de vos ports
Des Prouinces les plus lointaines
Viennent icy deſſus vos bords
Au lieu d'amis & de ſupports
Trouuoient de ſi chaudes eſtrenes
Que deuiendroient vos Capitaines
Tant Spacamonts que Brizaciers
Tous brillants de leurs faits guerriers
Qui traiſnant leurs groſſes bedaines
A l'ombre de vos vieux Lauriers
Conſeruent le ſang de leurs veines
En faueur de vos Foreſtiers
Leurs eſperances ſeroient vaines
Que deuiendroient vos eſtafiers
Si barbus, ſi gueux & ſi fiers

Parmy tant de maux & de peines
Adieu donc Reyne des Citez
Reyne des eaux & des fontaines
I'ayme bien vos antiquitez
Mais vos petites cruautez
Pour nos gibots ne font pas faines
Ma foy vos corfes redoutez
M'ont donné les fieures quartaines
Adieu Sbirres qui fans mitaines
Prenez les gens de tous coftez
Barbes de bouc, chappeaux fluttez
Ruffiens, efpies à douzaines
Cantarines, circes Romaines
Ie prends congé de vos beautez
De vos chaftrez, de vos Sirenes
Et de tous vos enfans gaftez
Defia mes Pages tous bottez
Sur deux Grifons fort bien montez
De fromage ont leurs poches pleines
Et moy quittant vos raretez
Auec dix efcus bien contez
Ie m'en retourne dans nos pleines
Et prend congé pour cent Eftez
Pour cent Hyuers & fix fepmaines
De tous vos Gueux au cus crottez

Ces vers que ie fis à Rome
fur l'affaire de Monfeigneur le
Duc de Crequy ont déja veu le
jour, & ie rends graces aux foins
de celuy qui a bien daigné les
faire mettre fous la Preffe & qui
a pris la peine d'y changer quel-
que chofe pour fe les approprier
& les accommoder à fon point :
il ne me pouuoit pas rendre vn
plus grand témoignage de fon
eftime, puis qu'il a crû que les
productions de mon efprit pou-
uoient faire honneur au fien ;
Mais il trouuera bon, s'il luy
plaift, que ie leur rende leur
premiere forme, & que les re-
donnant au Public fous mon
nom je m'en faffe honneur à
mon tour.

H

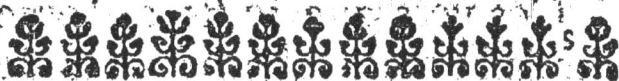

SVR LE MESME SVIET.

POur calmer la juste colère
De Loüis le grand Dieu donné
Toute l'Eglise est en prière
Et desia cette Sainte Mere
Pour adoucir son Fils aisné
A dit tout son *Domine ne*
Tous les Moines ont pris la haire
Toutes les cloches ont sonné
Et le Frère a dit à son Frère
Orate fratres orate
Car le Seigneur est irrité
On craint icy plus qu'on n'espere
On en est au *Miserere*
Mais le Seigneur *in furore*
A dit de tout lere lanlere
Et comme vn corsaire a juré
Qu'il feroit dire à plus d'vn haire
Et plus d'vn fol patibulaire
In manus tuas Domine
Plus d'vn cœur en a souspiré

Vn Cardinal en a pleuré
Mais quoy qu'il en puisse déplaire
A tout le Collège effaré
On dit que le plus choleré
Et le plus fasché c'est le Pere
Au Chef triplement couronné
Mais pour moy ie dis le contraire
Le plus fasché de cette affaire
C'est le feu Page Assassiné.

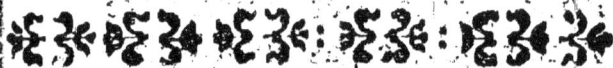

Sur la Conualescence du feu Pape Alexandre, & de la feu Reyne Mere, tous deux gueris en mesme temps.

LE Saint Pere & la Reyne Mere
Tous deux tres-Saints, & tres-
pieux
Par l'Arrest inique & seuere
De quatre Medecins d'Asniere
Deuoient bien-tost aller tous deux
Au Royaume des Bien-heureux
Desia tout couuers de lumiere

Pour ce voyage glorieux
Ces deux malades precieux
S'en alloient monter en littiere
Cette Reyne bonne & sincere
Auoit desia fait ses adieux
Mais voyant que nostre Saint Pere
Prince tres-ceremonieux
Pour ne la pas laisser derriere
S'est dispensé d'aller aux Cieux
Par vn respect deuotieux
Pour n'y pas aller la premiere
A fait quatre pas en arriere
Dans ce conteste gracieux
Ils ne pouuoient pas faire mieux
Ny ne pourront jamais mieux faire
Que de contester cette affaire
Encor cent ans en ces bas lieux.

Contre vn jeune Seigneur de Gascogne.

GRace à Monsieur de Taillecour
Pour moy plus sauuage qu'vne
Ourse

Et plus rauiſſant qu'vn Vautour
Qui pour mes vers eut moins d'a-
     mour,
Que pour les reſtons de ſa bourſe
Phœbus eſt à ſon dernier jour
Et ce pauure Dieu ſans reſource
Sans va dans ſon triſte ſejour
Finir ſa pitoyable courſe.
Vous, qui partez Vendredy du matin
Grand Gouuerneur ſi ſçauant & ſi
     fin,
Ne ſouffrez pas qu'vne ame ſi Chré-
     tienne
Qui des hauts Cieux eſt à moitié che-
     min
Deuotement jeûnant la quarantaine
Si bon, ſi ſaint, ſi doux, & ſi ber in
Aux yeux ſacrez de cette Souueraine
Emporte ainſi mon pauure parchemin
Mon parchemin plus vny qu'vn ſatin
Mon beau ruban, & mon ancre Ro-
     maine
O cruel ſort, ô rigoureux deſtin
Helas mes Vers, chers enfans de ma
     veine
Où courez-vous en pays ſi loingtain

Où courez-vous ainſi la pretantaine
Par mont, par val, par colline & par
   pleine
Enfans ingrats, retournez dans mon
   ſein
De peur qu'vn jour cét Heros tout
   diuin
Cedant aux Loix de la nature hu-
   maine
Ne vous employe à quelque acte
   vilain
Faute d'vn peu de bourre, où de fu-
   taine
Il eut raiſon ce Seigneur peu mondain
De preferer à la gloire mondaine
Ce beau metal dont ſon coffre eſt ſi
   plein
Et de ſauuer ſon argent & ſon pain
Des attentats, des enfans d'Hipo-
   crene
Maudits enfans dont les Vers à la
   main
Plus que le feu, que le fer, ny l'airin
Ont fait trembler maint vaillant Ca-
   pitaine
Maint grand Heros, & maint fier

Spadaffin
Et fait pâlir maint Lacté teint en
grene
Las adieu donc, adieu mõ cher Velin
Adieu mes Vers chers enfans de ma
veine
Adieu mon temps, & ma plume & ma
peine
Courir apres c'eft trauailler en vain
Adieu vous dis jufques à S. Germain
Mon cher velin , & mon ancre Ro-
maine
Que feulement il paye l'Efcriuain
Bien que des Vers contre la faim
Soit de l'onguent miton mitaine
Tandis qu'il a la penfe pleine
Et que gros, & gras eft fon train
Il peut hazarder ce quatrain
Autre que le peuple Romain
De la Garronne & de la Seine
Ne le fçaura la chofe eft bien certaine
Mais fon Tuteur n'en fçaura rien.

ADVIS A MONSIEVR
LE PRINCE DE BRONSVIC

Sur le Jeu.

EPIGRAMME.

PRince Plumant, & remplumé
    Qui vos plumeurs auez plumé
N'attendez-pas qu'on vous replume
N'allez plus si tard au serain
De crainte qu'il ne vous enrume
Conseruez-vous ce petit gain
Si vous croyez aux Avis nostres
Non pour l'interest du quatrain
Mais pour de grands interests vostres
Mille onces d'or, ô digne Souuerain
Pour vous ma foy sont moins que rié
Mais c'est beaucoup au pays des Apo-
    stres
Ou de tout temps chacun plume si bié
D'auoir plumé céux qui plument les
    autres

AV

❦❦❦❦❦❦❦❦❦

AV FEV PAPE ALEXANDRE,

Sur ce que dans ses maladies les
plus desesperées, il retournois
tousiours en conualescence contre
l'opinion de ses Medecins.

SAint Pere à qui le Ciel partage sa
  puissance,
Qui viuez en ces lieux miraculeuse-
  ment,
A qui desia deux fois pour sa conua-
  lescence
I'ay donné de mes Vers fort gene-
  reusement,
Sans qu'apres tous mes vœux vostre
  munificence
M'ait daigné regaler d'un pardon
  seulement.
Or ie n'espere encor ny grace ny
  present,
Mais puis que de mourir vous auez la
  dispense,

I

Et que vous vous mocquez fort agrea-
     blement.
De celle qui fait peur à toute humaine
     engeance
Sortant quand il vous plaist de voſtre
     monument.
Comme il n'eſt rien plus beau que la
     perſeuerance,
Faites toûjours ainſi ie ſeray trop
     content;
Exercez bien cét art, car il eſt impor-
     tant,
Et pour voſtre ſalut de haute conſe-
     quence.
Du beau cru du Seigneur, viuez jo-
     yeuſement,
Non pas vn ſiecle entier, mais juſ-
     qu'au Iugement,
Enterrez tout hormis noſtre bon Roy
     de France
Et n'eſpagnez amy, ny voiſin, ny
     parent :
Imitez le Phœnix, & pour ma recom-
     penſe,
Sur vn ſi beau ſujet & de telle im-
     portance,

Faites moy compofer fempiternelle-
ment.

❧❧❧❧❧❧❧❧❧❧❧❧

Lettre efcrite dans l'inquifition à fon
E. Monfeigneur le Duc de Chaunes.

ENfeuely dans les Tene-
bres d'vne nuict profon-
de, au milieu d'vne Mer ora-
geufe, ou ma vieille barque
fans Voile, fans Mas, & fans
Timon, n'a plus tantoft qu'vne
Ancre, je regarde parmy ces
flots irritez fi ie ne verray point
ces faints Elmes, qui ont accoû-
tumé de fe montrer fur la fin de
l'orage, mais au lieu de ces feux
benins Meffagers de la Bonace,
ie ne voy que l'efcume des va-
gues mugiffantes, qui à la lueur
des éclairs d'vn Ciel armé de

I ij

foudres & de tempeftes, ne me
prefentent que des goufres &
des precipices. Dans cette con-
fufion je jette mes yeux fur Far-
neze, ou ne voyant encor paroî-
tre aucun de ces Phares, que la
Pitié des hommes tientallumés
toutes les nuicts en faueur des
miferables. Ne pouuant croire à
mes yeux, ie les accufe d'infide-
lité, & indigné contr'eux j'ay
recours à mes oreilles, que ie
tiens tous les jours aux écoutes,
mais helas que vous autres vi-
uans qui joüiffez du doux pre-
fent de la lumiere, auez peu de
foucy de nous autres ombres,
& qu'il eft difficile aux efprits
foufterains de fçauoir des nou-
uelles de l'autre monde. Dans
ces triftes lieux confacrez au
filence ou ce Dieu muet fait tout
trembler fous la feuerité de fes

Loix, bien loin de sçauoir si voftre E. eft à Paris, ou fi elle eft encore à Rome, ie ne fçais pas feulement fi la nature và toûjours fon train, & fi le Soleil fait toufiours fon cours, cela n'empefche pas, Monfeigneur, qu'en quelque partie du monde que voftre E. fe retrouue ie ne me recommande à fes bonnes prieres.

Je n'ofois pas le prier dauantage, car en ces lieux il n'eft pas permis de demander fecours.

❧❦❧ ❧❦❧ ❧❦❧ ❧❦❧ ❧❦❧

En faueur de Monsieur Chapelle,
mon tres-cher & tres-parfait Amy.

PRIERE AV LECTEVR.

BIen que de mon Amy Chapelle
Pour moy la plume affez cruelle
M'ait affez Galament traitté,
Et que maint Scribe au cu crotté,
Plus badin que Iean de Niuelle,
Et plus fot qu'vn afne bafté,
M'ait fans coupret déchiqueté,
Dans maint écrit & maint libelle,
Plus menu que chair à pafté;
Ie traitte cette cruauté
De fottife & de bagatelle;
Puifque malgré l'iniquité
De Loret, & de fa fequelle
Que le grand Diable a faquetté,
Ie n'ay point paffé la Nacelle
Ny beu du Fleuue de Lethé.
Au contraire j'ay rapporté
A ma tres-chere Damoifelle

A la France, qui m'a presté
Le doux nectar de sa mamelle,
Iusques à la moindre parcelle
Des outils de l'humanité;
Sans que leur plume m'ait osté
Ny peau, ny crin, ny pied, ny aisle.
Mais ce n'est pas chose nouuelle
De voir maint esprit deboité;
Car sous cette voute eternelle,
Quand on n'est pas bien garrotté
Aucun de la race mortelle
Quand la lune se renouuelle
N'a pas l'esprit trop arresté :
Ie suis de tous le plus gasté,
Ma pauure plume d'hyrondelle
Non plus que ma pauure ceruelle
N'agist pas sans legereté :
Aussi quand Chapelle a gousté,
Et qu'au lict il va sans chandelle,
Si parmy cette obscurité
Son esprit faute de clarté
Par fois comme son pied chancelle,
Ce n'est pas la faute à Chapelle,
Chapelle est plein de fermeté,
La faute en est à la Iauelle
Qui cette liqueur a porté,

Si charmante & si naturelle,
Dont Chapelle boit à planté
Que Noé jadis a planté,
Que nous plantons, & par laquelle
Ce beau planteur fut supplanté;
Car autrement l'Amy Chapelle
N'auroit jamais assez pinté
Pour pintant, auoir auorté
Dans vne ancre si criminelle
D'vn poison si fort infecté.
Chapelle est sans malignité,
Il est humain, il est traictable,
Et son esprit incomparable
Sur le Parnasse tant vanté,
N'auroit jamais esté capable
D'vne telle inhumanité,
Si le Diable ne l'eut tenté.
Mais aujourd'huy c'est bien le Diable,
Car il faut par necessité
Parer le coup qu'il m'a porté:
C'est vn destin inévitable,
Dieu que mon sort est deplorable,
Que faire en cette extremité
Lecteur pieux & charitable,
Vse icy de ta charité,
Chapelle t'en a bien conté,

Dassoucy t'en fait le semblable.
Mais pour dire la verité,
L'vn & l'autre de son costé
N'a rien escrit de veritable.
Croy Lecteur que c'est vne fable,
Et que le tout est inuenté.

De Rome le vingt-cinquiéme
Iuillet 1665.

A Monsieur Chapelle, mon tres-
cher & tres-parfait Amy.

DEpuis le jour que vous
me donnastes à disner à
Paris au Chesne verd, ou si ie ne
me trompe, vous beustes tantà
ma santé que vous en alterastes
la vostre, je ne me souuiens-pas
de vous auoir veu dans aucun
endroit de cét Hemisphere. Ce-
pendant vous dites dans vos
écrits que vous m'auez rencon-
tré à Montpellier, & depuis sur
le chemin d'Auignon. Cette
fiction eut esté mieux reçeuë si
vous eussiez adjousté dans vn
Cabaret, puis que le Cabaret,

étant vôtre naturel element & le
point indiuifible dont vous ne
fçauriez jamais vous feparer, Il
n'y a point d'apparence que
nous nous foyons veus en des
lieux fi efloignez de voftre cen-
tre. C'eft pourquoy ie m'étonne
bien qu'eftant toufiours dans le
Temple de Bacchus, & par con-
fequent dans cette aymable
liqueur, ou l'on trouue la verité,
vous ayez efté affez ennemy de
cette noble Fille du Ciel, pour
emprunter tous les traicts du
menfonge & de la calomnie,
pour me deshonnorer dans vn
libelle qui vous deshonore bien
plus que moy, puifque apres
tant de beaux Vers que vous
auez compofés à ma gloire; té-
moins immortels de l'amitié
que vous m'auez jurée, & que

Chappelle escriuant contre Dassoucy son meilleur Amy a beaucoup inuenté pour diuertir le Lecteur malin, & Dassoucy se deffendant contre son meilleur Amy Chapelle a inuenté ecy pour diuertir e malin Lecteur.

l'on void encor au commancement de mes Outurages, vous ne sçauriez, aujourd'huy vous retracter sans passer pour vn flatteur ou pour vn perfide. Il est vray que depuis les premiers poils qui ombrageans vostre menton, causerent vn si notable diuorce, entre vous & le sieur C. B. qui dés vos plus tendres années prit le soin de vostre education, les grandes cures que ce docte Enfant d'Esculape a fait sur vostre illustre Personne sont autant de témoins irreprochables de l'amendement de vostre vie. Mais croyez-moy, mon Amy Chapelle, vous trauaillez en vain, & quoy que les Macettes du Marais, & les Operateurs de Paris puissent faire pour vostre honneur, vous auez

beau suer pour ce deffein. Les
victoires infignes qu'icy vous
auez remporté en Place Nauon-
ne, à la barbe des quatre parties
du monde, ou non fans coup fe-
rir vous auez fi valeureufement
fait montrer les talons à tant de
Legions entieres d'enfans per-
dus, laiffent trop de monumens
à la memoire, pour nous pou-
uoir jamais perfuader que vous
ayez quitté Cupidon pour fa
Mere, & les Amours pour les
graces. C'eft pourquoy ie m'é-
tonne qu'au lieu de vous tenir
clos & couuet, dans vn temps fi
fâcheux, & fous vn regne fi feue-
re pour les gens de voftre hu-
meur vous ayez ozé m'attaquer
auec tant d'injuftice pour me
faire rompre vn filence qui vous
eftoit fi neceffaire. N'eft-il pas

vray, que vostre imprudence
n'est pas moins grande que vo-
stre perfidie, puis que dans la
passion que vous auiez de vous
eriger en Autheur, preferant
l'amour de vos indignes pensées
à l'honneur de vos amis, n'im-
mortalisant que vostre médisan-
ce & vostre imposture vous auez
été d'autant plus perfide à vôtre
gloire que vous auez pris plus
de soin pour la durée de vos
écrits. Car ou est l'homme qui
sans passer pour vn méchant ou
pour vn fol, osera prendre party
contre mon innocence si publi-
quement reconnuë,& qui ayant
éclatté à la veuë de tant de
monde,deuroit bien imposer vn
eternel silence à mes ennemis,
si l'enuie qui est tousiours si fort
en colere contre mon peu de

merite auoit autant d'oreilles
pour escouter la verité comme
elle a d'yeux pour enuisager mes
imaginaires defauts. Cependant
quoy que le poison de vostre sa-
tyre ne soit pas assez subtil pour
infecter des esprits qui ont assez
de force pour resister à ses at-
teintes, il ne laisse pas de faire
vn admirable effet aupres des
personnes vulguaires qui ne
sont pas assez raffinées pour en
découurir la malignité, & qui
ont bien autre chose à faire, qu'à
s'informer si ie suis vn honneste
homme ou si vous estes vn im-
posteur quoy qu'il n'y ait aucune
apparence de croire que sans le
char d'Vrgande la deconnuë
ie me sois pû sauuer d'vne
Ville dans vn temps ou tout le
peuple, dites-vous, estoit répan-

du par les ruës, & toutes les Da-
mes aux fenestres pour donner
le bon soir à vn homme qui
alloit briller dans le Ciel par la
mort d'Hercules, & qu'ayant vn
Page & des Teorbes à charrier
ie sois forty de Montpellier en
plein jour auec tous cét attirail
de Musique & marché sur le che-
min battu qui mene en Auignon
auec la mesme quietude, que si
j'eusse marché dessus vos terres.
Cela n'empesche pas que parmy
le grand monde, aussi bien que
parmy le petit, il ne se trouue dés
des gens d'vne assez rare capa-
cité, pour adjouster foy à ces
grossieres fictions, ny plus ny
moins qu'à vn passage de Saint
Paul, i en voy encore tous les
iours des plus éclairez qui me
demandent s'il est vray que
vous

vous m'ayez rencontré sur le
chemin d'Auignon. Mais quand
tout le monde seroit persuadé
du contraire de ce que vous
auez écrit, croyez-vous, Mon-
fieur mon Amy Chapelle que
ny vous, ny tous mes écrits, ny
la verité mefme foit affez puif-
fante pour s'oppofer à la ma-
lignité des hommes qui n'ont
pas de plus grand plaifir que
de voir dechirer leurs fembla-
bles, & que parmy tant d'en-
uieux & tant d'ennemis que ma
miferable vertu m'a procuré, il
s'en trouue d'affez modeftes,
pour ne fe pas feruir contre moy
des armes que vous leur auez
fi genereufement adminiftrées;
non ne le croyez-pas, le benin
Lecteur auffi bien que le Lecteur
malin ne trouuera rien de beau

K

dans nos écrits que le mal que
vous aurez dit de moy, & que
i'auray dit de vous, & n'estimera
de nous deux, que celuy qui luy
paroistra le plus ingenieux pour
s'entredestruire. Ie sçais bien
que vous me direz que cette
piece fut vn jeu de vostre esprit
que vous n'auez eu aucune in-
tention de la publier ny de ter-
nir ma reputation, ie le crois
ainsi, aussi ie pardonne à vostre
intention, mais vous pouuez
aussi bien pardonner à la mienne
puisque vous auez écrit contre
moy sans autre necessité, que
celle de vous jöuer & de vous
diuertir, & que moy ie n'em-
ploye aujourd'huy ma plume
que par la necessité que i'ay de
me deffendre, & ie vous suis
méme si amy, que si mon silence

n'eftoit mortel à ma reputation,
j'aurois encor pardonné à la vo-
ftre eftant accouftumé à rire de
toutes les fottifes que l'on dit de
moy, i'euffe ry de celle-cy com-
me des autres, & vous, vous
fuffiez fauué des traits de ma
plume auffi honneftement que
j'efpere me fauuer de la voftre,
ie n'euffe poinr efté troubler vo-
ftre repos dans le fond d'vn
cabaret, ie vous euffe laiffé entre
deux traitteaux boire en paix
iufqu'à la lie, vomir dans les
plats tout à voftre aife, & parmy
les pintes & les pots cuuer
voftre vin & ronfler tout voftre
fou iufqu'à la Refurrection des
Morts, ie ne me ferois point
informé fi eftant habillé à la
Françoife, vous viuez à la Gre-
que ou à la Turque, & bien que

pour moy voftre cruauté foit
fans pareille vous voyant encore
plus cruél à vous mefme, cher-
cher le fer pour ofter au vin à
qui feul appartient l'honneur de
vous deftruire les droits que
Bacchus à fur voftre illuftre
Perfonne, au lieu de m'en plain-
dre, i'en aurois eu pitié auffi bien
que de voftre plume que vous
auez employée auec tant de
fuccez pour mon deshonneur, &
fi peu de reüffité pour voftre
gloire. Ce fut dans cet interualle
que la priuation de cette partie
dont vous auez quelquesfois fi
grand befoin, fit voir en vous la
difpofition à ce mal dont à mon
grand regret vous reffentez fou-
uent les furieux accés, c'eft
pourquoy Monfieur mon cher
amy, comme on pardonne tout

à ceux qui en sont atteints, com-
ment ne pourrois-je point vous
pardonner. Vous n'estiez pas si
gasté quand la peur d'vn destin
trop seuere vous fit sortir si
promptement de Montpellier &
vous fistes alors vn acte de tres-
bon sens de plier vistement vos
chemises & gaigner au pied,
voyant ces pretenduës Bachan-
tes si fort irritées contre ces
beaux esprits & mes Iuges en si
belle humeur d'en faire grillade
autrement ie crois bien que l'on
ne vous verroit pas aujourd'huy
de retour dans Paris, jouïssant
comme ie jouïs dans Rome d'vn
repos digne de mon innocen-
ce & de l'honneur de mes Mu-
ses, ou pour reprimer les ar-
deurs de ce climat, beuuant
mon vin à la neige à l'ombre

des treilles & à la fraischeur
des eaux dans le besoin que
vous en auez pour temperer
celuy qui cause en vous de si
grandes imtemperies, ie vous
offre par cette Lettre toute
l'eau de mes fontaines, & toute
la glace de mes Garafons.

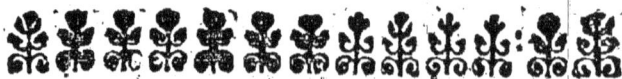

Son Eminence Monseigneur le Car-
dinal de Rets fit la plus Magni-
fique despense, à la feste de Saint
Louys que l'on ait jamais veu dans
Rome, si bien que dans cette
concurrence qu'il y a contre les
François & les Espagnols, Saint
Iacques leur Patron l'ayant perdu
auec Saint Louys : Ie fis ces Vers.

Iacques l'Apostre, & le Roy Saint
   Louys,
Dont la splendeur tient mes yeux
   éblouis,
Toux deux grands Saints & de haute
   importance,
Qui dans le Ciel tous couuerts de
   rubis
N'ont pas besoin de pain ny de pi-
   tance,
Depuis longtemps estoient en com-
   petence

Touchant leur feste, & leurs riches
habits.
Et cette saincte concurrence,
Entre ces deux Seigneurs Hostes du
Paradis
N'auroit finy comme ie pense,
Qu'à la Semaine aux trois Ieudys.
Mais grace au bel or de ducat
De la genereuse puissance
Qui porte iusqu'au Ciel son mer-
ueilleux éclat
Ces deux grands Saints qui font no-
stre esperance
Ont finy leur pieux debat.
Et l'on void Saint Loüis dans vn
brillant estat
Espagnols ayez patience
Sauf l'honneur de l'Apostolat
A qui nous deuons tous honneur &
reuerence ;
L'vn porta le bourdon, l'autre le
sceptre en main
L'vn fut pescheur, l'autre fut soune-
rain:
C'est là raison qu'vn Roy de France
Soit mieux vétu qu'vn Pelerin.

A SON

A SON EXCELLENCE
MONSEIGNEVR LE DVC
DE CHAVNES,

Sur son Gouuernement de
Bretagne.

SONNET.

TAnt que le clair flambeau qui
   donne la clarté
Fera briller au Ciel sa lumiere agrea-
   ble ,
Iamais on ne verra dans la sainte Cité
Vn Ministre en vertus qui te soit côm-
   parable.

Iamais dans vn esprit plus de dexte-
   rité
N'y fit tant reuerer sa conduite admi-
   rable,
Et jamais dans vn cœur plus d'affe-

L

bilité
N'y fift tant refpecter fa puiffance
adorable.

Auffi quand le plus grand des Heros
& des Roys,
Pour regir vn pays t'honnore de fon
choix,
Et fait de ta vertu la fortune com-
pagne.

C'eft que fort fagement ce Mo-
narque a compris
Que celuy-la peut bien gouuerner la
Bretagne,
Qui dans Rome a fi bien gouuerné les
efprits.

Quand ie portay ce Sonnet à
Monfeigneur le Duc de Chau-
nes il n'eftoit pas encor Gouuer-
neur en Chef de la Bretagne,
c'eft pourquoy apres en auoir
feu le tiltre, il me dit que ce Son-
net ne s'addreffoit point à luy

pource qu'il n'eſtoit que Lieute-
nant pour le Roy dans cette
Prouince, ie luy repartis que
cette faute que j'auois faite luy
eſtoit de bonne augure, & que
cette mépriſe luy ſignifioit qu'il
en ſeroit bien-toſt le Gouuer-
neur en Chef: Au bout de trois
iours, le Roy qui ne vouloit
pas me faire trouuer menteur,
fit que ma prédiction fut veri-
table, & le iour d'apres ie luy
preſentay ces vers ſur ce ſujet.

A SON E. MONSEIGNEVR
le Duc de Chaunes.

SAge esprit à qui tout bon-heur,
  Tout bien, & toute gloire aspire,
Vous ne serez plus mon censeur,
Et desormais sans vous rescrire,
Mon Sonnet vous le pourrez lire,
Et mesme en regarder l'Autheur,
Non comme vn Autheur qui desire,
Mais comme vn Vaticinateur,
Qui dans sa prophetique ardeur
Sçait deuiner, & sçait predire
Ce qu'on fait en vostre faueur,
Puis qu'enfin, grace à nostre Sire,
Qui pour soustenir sa grandeur
Et la gloire de son Empire
Fait aussi bien vn Gouuerneur,
Que vous sçauez vn Pape élire :
Aujourd'huy d'vn nouuel honneur,
Reconnoissant vostre valeur
Que tout encense & tout admire ;
Ie vous puis dire (Monseigneur)

En faueur du Dieu qui m'inſpire,
Quoy que de nous on puiſſe dire,
Que tout Poëte n'eſt pas menteur.

A Monſieur le Marquis de Montieu
eſtant à Rome.

REQVESTE BVRLESQVE.

L E pauure Daſſoucy greſlé du vent
    du nort,
Que trois dez ennemis de ſon bien-
    heureux ſort,
Ont mis depuis trois mois quatre fois
    en chemiſe :
Supplié à deux genoux, c'eſt à dire
    bien fort
Le Seigneur de Montieu, Caualier
    tres accord,
Tandis que le Demon du jeu le fa-
    uoriſe,
Et qu'il n'eſt pas encor greſlé du vent
    de biſe

L iij

De vouloir luy prester vingt escus
   seulement,
Qu'il voudroit employer à certain ve-
   stement
Qu'vn fort honneste Iuif, cornu com-
   me Moyse,
Nommé Melchisedech à barbe lon-
   gue & grise,
Luy promet de luy vendre, & liurer
   à l'instant,
Pourueu que bel argent, il touche sans
   remise,
Qui des points de l'habit est le plus
   important.
Ha qu'vn satin à fleurs luy feroit belle
   eschine,
Et que malgré le Roux ce genereux
   enfant
Qui gaigna ses doublons sans luy
   payer chopine,
Il sera glorieux, superbe & triom-
   phant,
Arriuant à la Cour de la grande Chri-
   stine,
Qui peut bien luy payer, & son Luth,
   & son Chant.

Parquoy riché Seigneur , Marquis
   haut & puiſſant,
Chez qui Dame abondance a banny
   la lezine
Qui dés voſtre berceau trouuaſtes en
   naiſſant
Dequoy cueilir par tout la roſe ſans
   eſpine.
Marquis de qui la table eſt vn ſi doux
   aymant,
Chez qui de tous nos Vers, l'ardeur
   quoy que diuine,
Et tout l'or des cheueux de ce Dieu
   ſi charmant
Ne vaut pas le charbon qu'on bruſle
   en ſa cuiſine.
Si voſtre argent Marquis ne tient plus
   que maſtic ,
Et n'eſt plus cramponé, que n'eſt l'or
   en la mine,
Sans employer cizeaux, marteau,
   beſche ny pic :
Donnez-luy promptement de celuy
   qui fait clic,
Qui contre vn ſi grand mal eſt vn
   Medecine

Bien meilleure cent fois que prise
    d'Agaric ;
Car fut-on auſſi docte en fait de pro-
    noſtic,
Que feu Noſtradamus, ſçeut-il lan-
    gue Latine
Expliquer vn *Dic, duc, fac, fer, fice
    non fic,*
Conjuguer vn *Tipto,* dire, *hæc & hoc,
    & hic ;*
Bref fut-il plus ſçauant qu'vn Regent
    de la chine,
Ou qu'vn Mathelaurier qui ſçait ri-
    mer en *hic,*
S'il n'a comme i'ay dit de celuy qui
    fait *tic.*
Il n'eſt qu'vn jobelin, il n'eſt qu'vn
    Iean farine :
Il a beau raiſonner, il n'eſt qu'vn fre-
    netic,
Il a beau bien jolier, il eſt capot &
    pic ;
Car vertu ſans argent, n'eſt plus
    qu'vne gredine
Dont vn fait deſormais, vn fort mau-
    uais trafic,

Et principalement dans l'eſtat Poëtic,
Ou la ſterilité fait regner la famine,
Ainſi que chez l'Autheur de Dame
    Proſerpine,
Ou tout juſques au chat eſt pourueu
    d'appetit.
Haſtez-vous donc Seigneur, autre-
    ment il eſt frit,
Auſſi comme il a feu, Bombarde &
    Coleuurine,
Pour écraſer vn jour mainte teſte
    badine
De maint ſot enuieux à la langue d'aſ-
    pic,
Pour vous recompenſer il porte en ſa
    poictrine
Vn Dieu qui t'animant ſa plume qui
    fait cric
Portera voſtre los par Montagne &
    Colline
Depuis le Pole Artic juſques à l'An-
    tartic.

Sur le feu que la foudre alluma dans le Fenil du Prince Bourgaise.

ADVIS AVX ROMAINS.

ROmains pensez à vous, voicy le
feu Celeste,
Qui vient pour vous punir de vostre
amour vilain;
Le Ciel est en courroux, son ire est
manifeste,
Changez d'humeur plustost aujour-
d'huy que demain,
Prenez le sac en dos, & le Rosaire en
main,
Montrez-luy la grandeur de vostre
repentance,
Et par vn exemplaire, & rare peni-
tence
Troquez le bel Adon, pour la jeune
Catin,
Pour moy pauure pecheur, qui sans
faire le vain,

Au moins ſi l'on en doit croire la mé-
    diſance,
Fus peſcheur comme vous, ô grand
    peuple Romain.
I'ay purgé mes deffauts, i'ay laué mon
    offence :
Retournez le feüillet ſelon l'vſage
    humain,
Et pour montrer l'excez de voſtre
    continance :
Prenez tous la verolle, ou du moins
    vn poullain.

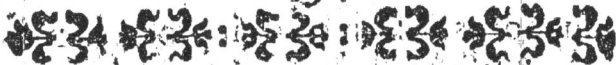

A LA REYNE DE SVEDE,

Pour entrer en sa Comedie
en Musique.

Qvand ce beau Dieu qui tout
éclaire,
Charmé par les talens diuers,
Qu'en vous, grande Reyne on reuere,
Viendroit icy tous les Hyuers
Tout revétu de sa lumiere,
Pour admirer vos beaux concerts,
Bien que voftre esprit qu'on admire
Qui tout enchante & tout attire.
Ayme les Vers & les Chansons
Et les doux charmes de la Lyre,
Vos Suiffes ennemis des sons
Qui frappent les gens sans rien dire
Le renuoyeroient en son Empire
Comme vn porteur de rogatons;
Car ce peuple portant baftons
Qui n'efpargne, ny Roy, ny Sire,
Ne connoift point d'autres raifons
Que celles que Bacchus infpire

Parmy les pôts & les flaccons,
Pour moy qui n'ay pas tous les dons
De ce beau Dieu qu'on void reluire,
Qvi n'ay pas de si beaux rayons
Les cheueux si beaux & si blonds.
C'est en vain que mon cœur aspire
D'obtenir de ces gros garçons
La faueur pour qui je souspire,
Pour nos Seigneurs nos Courtisans
Qui mieux disans, que bien faisans
Ne considerent ny seruice,
Ny merite, ny cheueux blancs
Il faudroit n'auoir point de sens,
Pour en attendre vn bon office
Pour la grace que ie pretends,
Il me faut bien d'autres auspices,
D'Astres plus grands, & plus propices
Plus doux & plus reconnoissans,
Plus genereux, & plus puissans:
Et plus dignes du sacrifice
De mon cœur, & de mon encens;
C'est vous, ô Reyne sans seconde
Reyne l'honneur de l'Vniuers,
Reyne à qui i'ay donné des Vers;
C'est vous, ô merueille du monde
Ou mon esperance se fonde.

Plusieurs sont venus m'asseurer
Que vous me pouuez faire entrer :
Parquoy Princesse, ie vous prie
Comme Reyne qui sans tarder
Se fait seruir de commander
A ce Seigneur que Dieu benie,
Qui pour vos portes bien garder
Contre les enfans d'Vranie
Est d'vne valeur infinie
De vouloir me contregarder,
De fier manche de hallebarde ,
De vos Suisses dont Dieu nous garde
Lors qu'ils frappent sans regarder,
Quand de passer on se hazarde,
Et m'accorder sans lesion,
Ny peril de contusion
Dans vostre belle Comedie
Quelque peu d'introduction,
Et vous ferez vne œuure pie
Pour y causer confusion
Ma taille assez me iustifie :
Ie ne suis ie vous certifie
Gueres plus grand qu'vn champignon
Ma grandeur est ma passion ,
Pour admirer cette merueille,

Qui dit on n'a point de pareille.
I'ay grande disposition,
Ie suis tout œil & tout oreille
Et digne enfant de l'Helicon.

A SON E. MONSEIGNEVR
LE DVC DE BRISSAC.

Hymne de l'Or.

Bien que l'or ne merite pas
De soy mesme beaucoup d'estime
Et que pour vostre esprit sublimé
Qui ne s'attache à rien de bas,
Le son du Luth, & de la rime
Ait plus de charme & plus d'appas
Que ce puissant amy du crime ;
Pourtant ó Seigneur magnanime
Ie crois qu'on en doit faire cas.

Quoy que ce beau Roy des metaux
Serue bien souuent à la rage
Des plus méchans & plus brutaux,
Qu'il soit l'escueil ou fait naufrage,

Celuy qui n'en sçait pas l'vsage,
Et l'instrument de tous les maux,
Pourtant on luy doit quelque hom-
    hommage,
Et quoy qu'on vante ces espris
Qui n'en ont pas connu le prix,
Ie ne tiendray pas pour vn sage
Celuy qui le tient à mespris.

Puisque grace au siecle maudit
Qui changea le destin des hommes,
Sans luy tout nous est interdit,
Et que mal-heureux que nous sommes
Nous luy donnons tout le credit,
Que c'est par luy que tout respire,
Que c'est pour luy que tout soulpire,
Et que son glorieux pouuoir
Regle tout en ce bas Empire.
Est-il pas vray que l'on peut dire
Bien-heureux qui le peut auoir.

Quand on le possede icy bas,
Il n'est gouffre ny precipice,
Ny Caribde ny mauuais pas,
Ny de Scylle qu'on ne franchisse,
De si rare & si riche fleur
                    Qu'on

Qu'on ne cueille où qu'on ne fauiſſe
De ſi bon œil qu'on n'eblouïſſe,
De ſyncope où de mal de cœur,
Qu'à ſon aſpect on ne guëriſſe
Point de paſleur, ny de jauniſſe,
D'ennuy, de chagrin de douleur,
Ny de ſi mortelle langueur
Qui ſoudain ne s'évannouïſſe
Au vif éclat de ſa lueur.

Quoy qu'on vante ce beau chanteur,
Qui jadis attiroit les arbres,
Et qui par ſon art enchanteur
Fendoit meſme juſques aux arbres
N'en deſplaiſe à ce grand harpeur
Ce n'eſt plus que l'or de ſa Lyre
Qu'aujourd'huy tout le monde ad-
    mire;

C'eſt à ſon poids que tout ſe vend,
A ſon éclat que tout ſe rend,
Et ſon beau ſon qui tout attire,
Et ſi par ſes charmes diuers
L'autre jadis briſa les fers
Du noir cachot des trouppes mortes
Ce grand Demon de l'Vniuers
Briſe les gons & rompt les portes
Du Paradis & des Enfers.

M

Mais pour en tirer aduantage,
Il faut auoir vn bon conseil;
Car cét elixir, sans pareil
Estant également l'ouurage,
Et de la Terre & du Soleil
C'est vn estre à double visage,
Tantost Ange, tantost Demon,
Vn jaune & funeste poison,
Vn Antidote salutaire,
Vn venin traistre, & mortifere,
Vn heureux & mal-heureux don,
Qui tantost mauuais, tantost bon,
Porte ou fauorable, ou contraire,
Ou la mort, ou la guerison
Selon que son diuin rayon
Trouue la nuict ou la lumiere
Dans le Palais de la raison.

Il faut donc en sçauoir vser,
Et quand de sa riche geolle
Il sort pour nous fauoriser,
Il ne faut pas le mépriser;
Mais il ayme la caracolle,
Il faut donc vn peu l'estaller,
Et le faire caracoller,

Mais non pas si fort qu'il s'enuole
Dessus les Postillons d'Eolle,
Mais seulement le faire aller
Selon le vent & la boussolle,
Et non pas trop le reserrer ;
Car qui s'en veut faire adorer
N'en doit pas faire son Idolle.

Vous en qui Dieu par son amour
A mis les traits de sa puissance
Qui joignez dans ce bas sejour
Les vertus à vostre naissance,
Et la gloire à vostre opulence.
Brissac plus brillant que le jour
A qui le Dieu de la science,
Et les beaux arts font vne Cour
Digne de sa magnificence.
Ieune Astre chacun dit icy
Que vous en vsez tout ainsi,
que jamais sur cette Hemisphere
Aucun astre plus glorieux
Ne répandit en ces bas lieux
Plus d'éclat, ny plus de lumiere,
Et que de ce présent des Cieux
Dans la plus brillante carriere
Le plus grand Roy n'en vsa mieux.

M ij

Aussi voyant briller en vous
La liberalité suprême
Du grand Maistre qui donne à tous,
Tout vous cherit, & tout vous ayme,
Vous considere comme vn Roy,
Et vous souhaitte vn Diademe
Pour moy dans le desir extreme
Que i'aurois pour vn tel employ
Ie crois que ie ferois de mesme
Si Dieu m'auoit donné dequoy,
Mais n'ayant dans mon territoire
Mine d'argent, ny mine d'or,
Mais seulement pour tout tresor
Que le cornet d'vn escritoire,
Et quelques Lauriers assez verds,
Le reüeuu de tant d'Hyuers,
Ie veux au moins pour vostre gloire
Apprendre vn jour à la memoire
Que ie vous ay donné ces Vers.

A MADAME LA

Princesse Maurice, sur la
Mort de Monseigneur le
Prince Maurice son Mary.

HYMNE

NE pleurez plus, belle Vranie,
Finissez ce dueil nonpareil,
Vostre Alcandre est encor en vie,
Il brille au dessus du Soleil,
Dans le diuin Palais des charmes.
Le Ciel contente ses desirs,
Et rien ne trouble ses plaisirs
Que vos soupirs, & que vos larmes.

Si cét astre qui vous adore
Pouuoit retourner icy bas
Vous le verriez brûler encor
Du feu de vos diuins appas,
Son esprit touché de vos larmes
Auroit bien-tost quitté les Cieux,

Pour adorer en vos beaux yeux
Tant de vertus & tant de charmes.

Mais les mortels nont point d'Em-
pire
Deſſus ces bien-heureux Eſprits,
Et quoy qu'on pleure, & qu'on ſoû-
pire
Aucun ne répond à nos cris
Dans le brillant Palais des charmes :
Le Ciel contente leurs deſirs
Et rien ne trouble leurs plaiſirs
Que nos ſouſpirs & que nos larmes.

Ne trauerſez donc plus ſa joye,
Las ! à quoy ſeruent tant de pleurs,
Pourquoy ſans fin donner en proye
Tant d'appas à tant de douleurs
Dans le diuin Palais des charmes
Le Ciel contente ſes deſirs,
Et rien ne trouble ſes plaiſirs
Que vos ſoûpirs & que vos larmes.

Tandis que des Cieux il contemple
Sur voſtre viſage abbatu,
Voſtre douleur qui ſans exemple

Fournit d'exemple à la vertu,
Suffit-il pas qu'en sa memoire
Tous les cœurs en ce bas sejour
Dressent vn temple à son amour,
Et des Autels à vostre gloire ?

Au milieu des Troupes diuines,
Il gouste les pures douceurs,
Et nous marchons sur les espines
Tandis qu'il marche sur les fleurs
Du haut de ses brillantes Spheres,
Ou dure encor son amitié,
Les plus grands Roys luy font pitié
Il triomphe de leurs miseres.

Quand dans le Ciel il se transporte
De gloire & d'éclat reuestu ;
Cette douleur qui nous emporte
Fait vn outrage à sa vertu ;
Nous craignons ; il n'a plus à craindre
Il est content, il est heureux,
Qui doit plus estre plaint des deux,
Sommes-nous pas les plus à plaindre ?

Toûjours au milieu des naufrages,
Dans vne mer d'afflictions

Battus des vents & des orages
Que souleuent nos passions.
En vain nous employons la rame,
Pour attraper cet heureux port
Qu'il a rencontré dans la mort
Si tost qu'elle a coupé sa trame.

Aussi l'homme prudent & sage,
Qui connoist que ces tristes lieux
Ne luy seruent que de passage
Pour le ramener dans les Cieux,
Tandis qu'on pleure & que l'on crie,
Quand la mort l'en vient déloger,
Il en part comme vn estranger
Qui retourne dans sa patrie.

Tout cede à la Parque cruelle,
Et ces triomphans passagers,
Les Roys quand sa voix les appelle
Y courent comme les Bergers,
Les ans entraisnent toutes choses,
Et les chesnes les plus puissants
Trebuchent sous le faix du temps
Comme les œillets & les roses.

Ce Corps qui marche & qui respire
                                    N'est

N'eft qu'vne funefte prifon
Ou l'ame languit & foufpire
Loin de fon illuftre maifon,
Vn frefle don de la nature,
Toûjours de mifere agité,
Vn pauure logis emprunté,
Qui vient fondre en la fepulture.

Cette clarté tant adorée,
Dont la fplendeur nous éblouït :
N'eft que la peinture dorée
D'vn fonge qui s'évanouït,
Et quoy que l'ame en foit charmée;
Qui s'en fait fon bien plus charmant
N'adore qu'vn enchantement
Que le temps reduit en fumée.

Ainfi dans la nuiѐt eternelle,
Tout vn iour s'évanouïra,
Et cette machine fi belle
Dans fon neant retournera;
Les elements dans leur difpute
Finiront, le iour finira
Et l'vniuers entraifnera
Le foleil mefme dans fa chute.

N

Mais auant cette heure derniere,
Le Ciel ne vous refuse pas
Les beaux rayons de sa lumiere,
Les Astres éclairent nos pas,
Et quoy que toute chose meure,
Le jour qui donne les couleurs
N'oste point l'émail à nos fleurs
Quand elles ne viuroient qu'vne
    heure.

Princesse faites en de mesme,
Faites ce que les Astres font :
Chassez cette douleur extrême
Qui flétrit vostre auguste front.
On pardonne à l'ame commune
Qui suit la fortune, & ses Loix,
Mais l'illustre sang de nos Roys
Se rit des coups de la fortune.

quittez donc Princesse diuine,
Quittez ce funeste deuoir,
Sans luy la vertu de Christine
En vous se fait assez bien voir :
quand vos pleurs sur vostre visage
N'auroient point effacé les Lys,
Tant de tourmens & tant d'ennuis

Dementiroient voſtre courage.

Cette jeune & vermeille Aurore,
qui ſans fin pleure comme vous,
S'eſtonne de vous voir encore
Pleurer ce bien-heureux Eſpoux :
Auſſi quoy qu'on remarque en Elle,
Comme en vous les meſmes appas,
Nous ſçauons bien qu'elle n'eſt pas
Ny ſi ſainte, ny ſi fidelle.

Ouurez donc, ces douces lumieres,
Pour qui ce Prince eut tant d'amour
Rendez le jour à nos paupieres,
Rendez l'éclat à cette Cour :
Icy le cœur le moins paſſible
A voſtre dueil a partagé ;
C'eſt vn crime d'eſtre inſenſible,
Lors que le Prince eſt affligé.

A MONSEIGNEVR LE DVC DE CHAYNES,
Ambassadeur extraordinaire
pour le Roy à Rome.

L'Hercule de Farnese.

SEigneur que la saison mauuaise
A quelque temps entretenu
Dedans Paris, & retenu
Auprés du feu bien à vostre aise;
Soyez enfin le bien venu;
Ie suis l'Hercule de Farnese,
Qui dans ce Poste assez connu,
Sans pain, ny vin, tison, ny braise;
Vous ay fort long-temps attendu.

Entrez, & n'ayez point de peur,
Belle & charmante Ambassadrice
Et vous Seigneur Ambassadeur,
Dans ce climat plein de douceur,
Tout Astre vous sera propice.

Vous n'aurez ny mal, ny douleur,
Et si cette illustre mortelle,
Comme vous si bonne & si belle,
Eut peur du corse furieux :
Ne craignez pas sa main cruelle,
Tant que vous aurez dans ces lieux,
Pour deffendre vostre querelle,
Le plus fort, & le plus fidelle
Des Heros, & des Demy-Dieux.

En tout cas, si quelques Cacus
Osoit par de nouueaux vacarmes
Causer de nouuelles alarmes
Attaquant les rares vertus,
Dont vos deux cœurs sont revêtus,
Reyne des graces & des charmes :
Ie vous offre les mesmes armes
Dont i'ay les monstres abbatus.

Ouy, ie suis prest à vous deffendre,
Et si dans ce dernier esclandre
Ie fis le sourd au bruit des coups,
Que cela soit dit entre nous,
Fussent-ils tous pour l'Alexâdre
Pour qui mon respect est si tédre,
Et mes sentimens sont si doux,

Le Pe-
te Ale-
xandre.

N iij

Ie prendray party contre tous,
Et trouueray dedans ma cendre,
Dans ce marbre, & dans ces cailloux,
Affez de feu pour voftre Alcandre,
Et pour vn Heros comme vous.

Mais quand du fond de ma fculpture,
Ie vois tout ce peuple Romain
Charmé de voftre accueil humain,
Dire que jamais la nature
Ne fift vn Heros plus diuin,
Et qu'à haute voix il affeure
Que jamais vn air plus benin
Dans vn vifage plus ferain,
Ne paruft de fi bon augure :
Foy d'Hercule Pharnefien,
Ie connois à voftre encollute
Que jamais aucune aventure,
Ny pour vous, ny pour voftre train,
Ne me fera, i'en fuis certain,
Ny jamais changer de pofture,
Ny mettre la maffe à la main.

Car jamais plus homme d'honneur
Dans Rome ne fift fon entreé
Que vous, ô grand Ambaffadeur,

Qui plein d'esprit , & plein de cœur,
Amy de Thêmis & d'Astrée.
Arriuez en cette contrée,
Ie croy pour y porter bon-heur,
Et pour remettre en sa splendeur,
Sous vne autre saison dorée ,
La paix qui s'étoit égarée
Dedans la Ville du Seigneur.

Dans le repos dont ie joüis,
Ie ne crains pas qu'aucun orage,
Grand Ministre du grand Loüis
Me tire du Poste où ie suis,
Pour deffendre vostre attelage,
Vous estes trop bon & trop sage,
Et bien qu'à la gloire des Lys,
On remarque en vostre équipage
Qui tient tous les yeux éblouis,
Maintes personnes de courage,
De toute sorte, & de tout âge,
S'ils sont de vostre bon pays,
Bien qu'ils ayment le bon breuuage,
Comme ils sont tous enfans benis,
Vous ferez vn fort bon ménage :
Ie réponds , jusqu'au moindre Page,
Et de leurs faits & de leurs dits,

Viuez donc en toute affeurance
Dans ce fejour delicieux,
Et reprefentant l'excellence
Du plus grand & plus valeureux
De tous les Roys des Roys de France;
Couple diuin, Couple pieux,
Dont les vertus, & la naiffance,
Le bien, la gloire, & l'opulence
Vnit tant de dons precieux
Au merite de tant d'ayeux;
Aftres de benigne influence
Si charmants & fi gratieux,
Rendez la lumiere à nos yeux,
Vous eftes l'vnique efperance
Des pauures François de ces lieux;
Et fi pour voftre recompenfe,
C'eft peu de mille ans d'Indulgence;
Au nom du Prince glorieux
Deuant qui les Rois & les Dieux
Abbaiffent leur haute puiffance:
Ie vous promets la Clef des Cieux.

Pour vne entrée de Ballet dansée à
Thurin deuant son Altesse Royale
par les deux filles de Lapierre,
habillées en Paysannes, portant
des paniers pleins d'oyseaux à
vendre.

AV bruit de vos vertus Diuines,
Princes charmants & glorieux,
Ma sœur & moy, deux Contadines
Venons de ces pleines voisines
Non pour sçauoir qui brille mieux
De la Reyne de ses Collines,
Ou de l'Astre qui luit aux Cieux;
Nous ne sommes pas des plus fines;
Mais à son éclat radieux,
Nous voyons bien qu'en ces bas lieux
Et dans ces voutes cristallines,
Tout doit ceder à ses beaux yeux.

Quoy que l'on die, ou que l'on pense,
Nous ne venons ny pour la danse,
Ny pour montrer nostre museau,

Pour trouuer la féve au gasteau,
Ny pour Robin, ny pour sa lance,
Ny pour accrocher en cadance
La houlette, ou le chalumeau
De quelque gentil Pastoureau;
Ny pour faire la difference
Du Prince cét Astre noüueau,
A ce Dieu qui porte vn bandeau
Nous auons bien la connoissance
Que nostre Prince est le plus beau,
Et que cette aueugle puissance,
Ce Dieu qui le mit au berceau,
Amour luy quitta son flambeau
Dés l'heureux point de sa naissance.

Vn destin moins audacieux,
Mais beaucoup plus mysterieux,
Quoy qu'encor jeunes & badines
Sous ces masques de balladines
Nous mene en ce Palais des Dieux,
Nous venons voir vos Palladines
Qui sous le Ciel delicieux,
De leurs alcoues precieux
Cueillent la rose sans espines,
Pour vendre à ses Nimphes poupines
Cent petits oyseaux curieux,

Qui dans leurs chants melodieux,
Dans vos Palais & vos Caffinés
Euffent paru plus gracieux,
N'en déplaife à vos cantarines,
Qu'à tous ces gens harmonieux
Imberbis & capricieux
Dont la vertu giſt aux babines,
Mais qui pour enfler les tetines
Comme ceux-cy n'ont rien ſur eux.

Depuis l'oyſeau de Paradis
Nous en auions de toutes ſortes
De verts, de rouges, & de gris,
Tous bien dreſſez, & bien appris,
De tout poil & de tout plumage,
Ieunes & vieux, grands & petits,
De toute taille, & de tout prix,
Et tous ſçauans en tout ramage;
Et de ces oyſeaux ſi polis,
Il ne manquoit à noſtre vſage,
Que ceux que l'on nomme à Paris
Des Griuans & des Viuangtis.

De ces Cardelins ſi jolis,
Que la plus ſainte & la plus ſage,
Ie crois, ne tient pas à mépris :

Par ma foy, nous en auions pris
Du plus fin & riche pennage
Aſſez bon nombre à mon advis,
Pour gagner noſtre mariage,
Et faire vn joly tripotage ;
Mais ces voleurs s'en ſont fuys,
Belles Dames, fermez vos huis,
Ce volatil eſt trop ſauuage,
Et trop leger en ce pays.
O triſte & mal-heureux voyage ?
Mon Dieu que de peine & d'ennuis,
Nous qui n'auons point d'appennage,
Que cét innocent équipage,
Et ſous ces ruſtiques lambeaux,
Que cette fleur qui ſans les aux
Sans argent & ſans paſſereaux,
Et n'y portant pour tout potage
Que deux paniers de regardeaux :
Que maman d'vn chien de viſage
Verra tout ce bel attellage ,
Que de tourmens & de trauaux,
Ie crois qu'elle rompra de rage
Son deuidoir & ſes fuſeaux :
Par ma foy, j'aurois le courage
De mettre le reſte au pillage,
Et jetter à ſes Damoiſeaux

La cage aprés ces eſtourneaux,
Car enfin vne fille enrage
D'auoir vn ſi beau paſturage,
Le pied ſi libre, & ſi diſpos,
Et n'en auoir petit ny gros,
Ny domeſtique, ny ſauuage,
Ny meſme vn oyſeau de paſſage.

Nymphes qui l'injuſte courroux
D'vn ſort trop cruel & ſauuage,
Ne reſſentez-pas comme nous;
Mais helas! qui bien au contraire,
Viuant à l'abry de ſes coups,
Retenez dedans vos volieres
Au glu de vos charmes ſi doux,
De vos oyſeaux juſqu'aux coucous;
Conſiderez noſtre miſere,
Ma foy, nous n'auons pas cinq ſous
Pour en acheter vn de vous
Pas meſme vn oyſeau de riuiere.

O vous qui connoiſſez nos maux
Dans le teint de noſtre viſage,
Prince des bons, & Roy des beaux,
Charles la gloire de noſtre âge,
Qui ſoüuent prés de nos hameaux,

Venez chasser sous nos ormeaux,
Et reposer à leur ombrage
Au doux son de nos chalumeaux,
Las! reparez nostre dominage,
Ayez pitié de nos deffauts,
Nous auons perdu nos oyseaux,
Que ferons-nous de nostre cage,
Si nous n'auons point de moineaux.

A SON ALTESSE ROYALE
DE SAVOYE.

Contre vn Commis des Finances.

Graces à Monsieur le Commis
Dit General de la Finance,
Qui donne bien moins d'Audiance,
Que nostre charmant Amadis ;
Mes deux Pages assez jolis,
Et plus vertueux qu'on ne pense,
S'en vont grimper le Mont-Senis,
Pour aller, où ? jusques en France,

159

Hé comment? à beau pied sans lance,
Graces à Monsieur le Commis,
Qui donne bien moins d'Audiance,
Que nostre charmant Amadis.

Si tost que sur nostre horizon
Phœbus ses clartez nous rapporte,
On nous void tous trois sur la porte
Deuotement en Oraison;
Mais en vain le Dieu d'Helicon
Assiege cette place forte;
Parmy les gens de cette sorte,
De peu luy sert son violon.
Candiots, dont le grand Bourbon
R'anime l'esperance morte,
Que ces Turcs que le Diable emporte
N'ont-ils tout l'air & la façon
De Nobles enfans d'Appollon,
Dedans ce lieu qui nous importe;
Sans poudre, mesche ny canon,
Il ne faudroit pour tenir bon
Contre leur barbare cohorte,
Qu'vn Commis de cette maison.

Las Dieu nous garde d'approcher,
D'vn homme, ou plutost d'vn rocher

Que tout importune & chagrine,
Qui toûjours écrit & rumine ;
Qui plus occupé qu'vn rocher,
Qui va sur mer à la Boulline,
N'a pas loisir de se moucher :
Dont à vingt pas la froide mine,
Par vne occulte faculté
Pourroit tenir dans la chopine
Le vin au frais en plein esté :
Las d'vn regard que de costé
Il m'a lancé tournant l'eschine,
I'en suis perclus en verité ;
Et si le grand fils de Christine,
Contre telle frigidité
N'oppose sa viue clarté,
Malgré toute l'ardeur diuine
Du Dieu dont ie suis agité,
On verra dedans ma poictrine,
Regner, ainsi qu'en ma cuisine
L'Hyuer jusqu'à l'eternité.

Prince tout grand & tout parfait,
Croyez que n'ayant pour objet
Que vos vertus dont la peinture
Va charmer la race future,
La gloire fait tout mon souhait

Quoy

Quoy dans voſtre beau cabinet,
Parmy l'azur & la dorure,
Y ſupporter vn Symmonnet,
Oüir la voix d'vn Sanſonnet,
Approcher de la triſte hure
D'vn vieux rodrigue au blanc bonnet
Voſtre charmante cheuelure,
Priſer ſes chants, ſon eſcriture,
Son Luth, ſon ancre & ſon cornet,
Grand miracle de la nature,
C'eſt me payer auec vſure,
Ie ne ſuis que trop ſatisfait ;
Auſſi ie partois comme vn traict
Quand voſtre bonté ſans meſure
Me fit eſperer vn bienfait,
Icy n'en attendre l'effet,
C'euſt eſté vous faire vne injure,
Si donc tel ſentiment vous dure,
Comme de la main au gouſſet,
Moins ennuyeux eſt le trajeἔt,
Par ce ſentier ie vous aſſeure
Que ce ſera bien pluſtoſt fait ;
Mais ſi quelque triſte auanture,
Vous a fait changer de projeἔt
Dites-nous adieu la Voiture
Bien que nous ſoyons au filet,

O

Et que Monsieur de la Mazure,
Des Boulangers le plus parfait,
Ait Changé pour nostre pasture
Nos diamans en pain mollet ;
Ie n'en seray moins, ie vous jure,
Vostre fidele creature,
Et vostre tres-humble Valet.

A SON ALTESSE ROYALE

REMINISCENCE.

AStre le plus charmant qui soit
 dans la nature,
Dont les benins regards sont de tres
 bon augure,
Ma foy ie connois tout de bon,
Que vous auez intention
De me faire en ces lieux vne belle
 avanture,
Et digne de l'impression.
Ie n'en fais pas le fin, Prince, ie vous
 asseure
Que ce seroit aussi toute ma passion,

I'en ay tout cét Hyuer ébauché la
    peinture,
Mais pour reduire l'œuure à la per-
    fection;
Las ! ie ne puis partir, & ie ne puis
    conclure ;
Sans voftre benediction.

A MONSIEVR TRVQVY

GENERAL DES FINANCES

DE SON ALTESSE ROYALE,

Sur le mefme Sujet.

GRand Medecin du mal que l'on
    nomme indigence,
Dont le medicament qui s'appelle fi-
    nance
Remplit tout l'vniuers d'effets prodi-
    gieux,
I'ay l'eftomach plus haut de trois
    doigts que la panfe :
Ie ne fais que bailler, tout me femble

ennuyeux,
Ie ne mange plus rien, ie tombe en
    deffaillance,
Seroit cebien ce mal qui me tient en
    ces lieux,
Hipocrate diuin, Æsculape pieux,
Si de ce maudit mal vous auez con-
    noissance,
Ayant pour m'en guerir le Baume pre-
    cieux,
Laisserez-vous icy mourir sans ordon-
    nance
Ce fils infortuné des neuf filles des
    Cieux.

Astre miraculeux qui par vostre
    influence
Nous pouuez r'appeller des portes du
    trespas;
Et qui par la vertu de cette jaune
    essence
Pouuez donner vne ame à ce qui n'en
    a pas:
Restablissez en nous cette conuales-
    cence,
Sans qui l'Astre du jour pour nous a
    peu d'appas:

Comme par les rayons de voftre in-
  telligence,
Dans ces champs autrefois heriffez de
  frimats,
Vous auez reftably la gloire & l'o-
  pulance,
Et rendu l'âge d'or à ces heureux
  eftats.

Efprit dont tout efprit a droit de fai-
  re cas,
Dont l'addreffe en tous lieux fe fait
  affez connoiftre,
Et de qui les clartez au plus fort em-
  barras,
Dans la plus fombre nuict, fe font
  affez paroiftre;
Soleil qui dans le temps qu'on voyoit
  tout decroiftre
Au plus fort des Hyuers auez fait tout
  renaiftre,
Redonné la fplendeur à ces heureux
  climats,
Et plus foudain accru le bien de vo-
  ftre Maiftre,
Que moy plus gueux qu'vn rat, ie

n'ay fait difparoiftre
Le miferable fonds de mes pauures
    ducats.

Digne objet de l'amour, & de la
    bienueillance
Du Prince glorieux que tout le mon-
    de encenfe,
Charles, qui plus aymé que le Dieu
    des appas,
Secondé par vos foins du nerf de fa
    puiffance
Que vous luy conferuez par voftre
    fuffifance
Doit tout faire ceder à l'effort de fon
    bras.
Charles, qui plus puiffant que le Dieu
    des combats
Peut foufmettre à fes Loix toute la
    terre & l'onde,
Et joignant fa valeur qui n'a point de
    feconde
A ce riche metal qui fait tout icy bas,
Pourroit bien eftre vn iour le plus
    grand Roy du monde
Comme il eft le meilleur de tous les

Potentats,

Grand Truquy de nos jours le mira-
cle eſtonnant,
De ſes fameux remparts la plus fer-
me deffence
De toute ſa grandeur le plus ſeur fon-
dement,
Comme de tout l'éclat de ſa magni-
ficence :
Miniſtre glorieux par qui tout ſe diſ-
penſe ,
Qui ſans choquer les Loix du plus
juſte Regent,
Dont jamais le Piedmont ait fait ex-
perience,
Ne cherchez le ſecret de doubler ſon
argent
Que pour enfler le cours de ſa muni-
ficence.
Hé de grace, en faueur de noſtre con-
ſonance,
Des enfans d'Appollon ſi vous eſtes
Amant,
Seigneur ayez de nous quelque Re-
miniſſence :

Dites à ce Heros si bon & si char-
        mant,
Ce beau Roy de nos cœurs, ce Prince
        que la France
A tiré de son sein, & nourry de son
        sang;
Que grace à sa bonté qui nous paist
        d'esperance,
Nous viuons en ces lieux, ce remede
        attendant,
Mais que ce vent exquis pour nostre
        subsistance
Est vn air tres-subtil & tres amaigris-
        sant,
Qu'vn grand bassin d'escus dans vn
        corps languissant,
Peut calmer d'vn esprit les plus viues
        alarmes,
Mais qu'vn tonneau d'espoir est trop
        peu nourrissant
Pour d'vn ventre mutin appaiser les
        vacarmes.
Partant nous requerons, & prions
        humblement
Le grand Emanuel nostre Astre tout
        puissant,

                              Que

Que sans plus differer, il nous donne
    des armes,
Pour combattre ce mal qui nous va
    consommant,
Ou, s'il veut que l'espoir soit tout no-
    stre aliment ;
Comme rien ne sçauroit resister à ses
    charmes,
Qu'il nous daigne changer en trois
    Cameleons.
Alors, grand Prince, alors, nous tari-
    rons nos larmes,
Et déja tous remplis de l'air de nos
    chansons,
Bien garnis de Zephirs, & de beaux
    Aquilons,
Plus gays, & plus contens, & plus gras
    que des Carmes,
Nous quitterons vos champs, &
    passerons vos Monts.

P

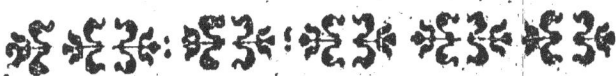

A SON E. MONSEIGNEVR

LE DVC ......

ESprit qu'à bon droit on admire,
GrandDuc par qui seul ie respire,
Que mon œil ne void qu'à demy,
Aujourd'huy qu'en moy tout expire,
Seray-je contraint de vous dire,
Adieu mon Maistre & mon Amy.

Ie voy de retour nostre Sire,
Autre qu'vn Dieu n'entend cecy;
Mais vous l'entendez bien aussi
Beau Seigneur à qui tout aspire,
Cependant ie n'ay plus que frire,
Chez moy Phœbus est tout transy,
Ie n'ay plus de corde à ma lyre,
Et si deuant la saint Remy
Quelque bon Saint ne vous inspire,
Ie seray contraint de vous dire,
Adieu mon Maistre & mon Amy.

Ainsi parla Dame Clitie
A son Soleil que Dieu benie
Qui jamais ne se dépita
Contre le Dieu de l'harmonie,
Pour Encens, pour Palinodie,
Ny pour Vers qu'on luy presenta,
Ains tres doucement écouta
Sa tres-humble Querimonie,
Puis luy répondit *caspita*,
Quoy Pere de la Symphonie
Du fier destin la Barbarie,
A donc reduit à ce point là,
Vn si digne enfant d'Vranie
Pere d'vt, re, mi, fa, sol, la.
Mere de Dieu Sainte Marie :
Fust-il plus méchant qu'Attilla,
Ie r'abbatray bien sa furie;
Attendez-moy là ie vous prie.
Lors certain coffre il visita,
Puis chargé d'vne batterie
Dont la valeur est infinie,
D'vn coup de sac qu'il luy porta
Droit en flanc, jusqu'en Tartarie
Le fier destin precipita,
Et Dassoucy ressuscita
Le rappellant de mort à vie

Par certaine quincaillerie
Que sur le champ il luy conta.

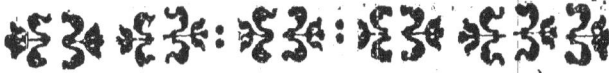

A vn Amy Presteur.

A La fin, de nostre excellence
Ie verray la munificence,
Et dans peu le grand de Brissac
Me donnera comme ie pense
Des escus plein vn petit sac ;
Car ce Seigneur qui fait dépense,
Ce Duc qui brille & fait éclat,
Ie vous le dis en conscience
N'est point Marchand de Mitridat
Comme il en est dans la Prouence,
En Cour de Rome, & le Contat ;
Mais vn Seigneur de consequence,
Vn Seigneur qui vaut Potentat,
Dont la promesse vaut finance,
Et la parole vaut contrat.
Cependant faute de pitance,
Ie ne voy rien dedans mon plat,
Et quoy que le vent d'esperance

Soit propre à gonfler vne panfe :
Ie me voy fort le ventre plat,
Et ie fais rude penitence ,
Dans vn ſi miſerable eſtat,
Qui n'eſt pas l'eſtat d'indolence.
Ie n'ay chez moy ny chien, ny chat
Qui ne viue de confonnance,
Et la miſere, & la ſouffrance
Qui me fait aller ſans rabat
Dans cét excez de temperance
A deſolé juſques au rat :
Vous dont l'eſprit a tant de charmes,
Source de mille attraits diuers ,
Ne regardez point de trauers
Celuy qui vous porte ces carmes
Comme vn enuoyé des Enfers,
Et ſi l'autre iour à ma proſe
Vous n'euſtes pas la bourſe cloſe :
Tenez en les cordons ouuerts ,
Et meshuy pour ſi peu de choſe
Ne la fermez pas à mes Vers.

POVR SON E. MONSEIGNEVR
LE DVC DE BRISSAC.

LE temps est dur, & l'argent est
    bien rare
Hors du grand Roy de France & de
    Navarre :
Et de mon Duc , qui vaut mieux
    qu'Archiduc,
Depuis Paris jusques à Barleduc,
Dans ce climat tout est d'humeur
    auare ,
Et tout gousset est aride & sans suc;
C'est grace à luy qu'aujourd'huy ie
    me carre
Sur le paué comme vn Prince d'Ispruc
Et que mon sort qui m'a donné maint
    truc :
Ore à mon tour ie traitte à coups de
    barre ,
Helas sans luy j'estois capot & pic,
Pendu d'esté plus mince ny plus sec

Onc ne parut en l'eftat poëtic,
Oi maintenant ie vais droit comme
   vn pic :
I'ay pot & plat, & cordé à mon
   rebec,
Dans mon gouffet bel argent qui fait
   clic,
Et fur mon chef, vn nouueau Code-
   bec.
Que de coufins du grand Roy Ludo-
   vic,
Qui vont courants de Paris iufqu'au
   Pec
De qui l'argent tient plus fort que
   maftic
M'auroient paffé la plume par le bec;
Mais mon Heros qui plus grand
   qu'Alaric
N'a prés de foy, ny de Melchifedech,
De pleure pain, ny de langue d'afpic
Veut dépuis l'A payer iufqu'à l'Y-
   grec,
Et payera tout à la fin ric à ric,
Auffi chacun luy dit falamalec,
Et moy chantant deffus mon Almeric
Ie profneray d'icy iufqu'à Lubec.

Qu'égal à luy dépuis Abimelec
Oncq ne naîftra ny iamais ne naf-
	quit.
Quand ie viuois en pays Romeftec,
Ou Signor *hic*, eft fouuent pris pour
	hac,
Si par les biens que dans Rome il me
	fit,
Mon pauure cœur dedans Rome il
	conquit,
Qu'il prenne icy ce qu'il conquit illec
Peau, ratte & cœur, & tout mon
	fang auec,
Car pauure cœur n'eft pas pour grand
	acquit.

Monfieur le Prefident Delfaut
fans m'auoir jamais veu ny con-
nu que par mes écrits, m'offrit
génereufement fon fecours,
pour l'Impreffion de ce Liure :
ie luy enuoyé ces Vers, pour
hafter l'execution de fa pro-
meffe.

✿✿✿✿✿✿✿✿✿✿✿✿

A MONSIEVR DELFAVT,

PREMIER PRESIDENT
à Soiſſons.

ON dit que vous aymez la gloire,
Ie le crois bien Noble Sei-
gneur,
Car il eſt bien facile à croire
Qu'vn Preſident plein de valeur,
Amy des filles de memoire,
Et de tous les gens d'eſcritoire,
Soit amoureux du bel honneur;
Mais las en ce bas territoire
Peu de gens ſont de voſtre humeur,
Et voſtre merite eſt bien rare,
Car quoy qu'en ces lieux on ſe carre,
Que tout y brillé de ſplendeur,
Et qu'enfin d'vn éclat trompeur
Icy tout ſe dore & ſe pare
Ce n'eſt que vent, & que vapeur,
Auſſi dans ce commun mal-heur,
O temps trop dur & trop barbare

Le plus eloquent emprunteur
Iroit d'icy iufqu'à Ferrare
Sans trouuer vn amy prefteur ,
Et dans la main d'vn pauure Autheur;
Fut-il plus docte que Pindare,
Dix pauures vers font plus de peur
A la bourfe du riche Ignare.
Qu'au Lyon ne fit de terreur
Noftre canon deuant Mortatre;
Mais vous , Monfieur le General,
Prefident de haute importance ,
Qui tout fplendide, & tout Royal,
N'eftes moins franc & moins loyal,
Ny moins remply de fapience
Que genereux & liberal ;
Vous n'eftes pas comme ie penfe
De cette mal-heureufe engeance,
Qui patit de ce maudit mal ,
Dont l'auarice & l'indigence
Qui met Phœbus à l'Hofpital
Contamine toute la France.
Ie vous connois, & ie fuis feur,
Que pour tomber en deffaillance
A l'afpect d'vn pauure Encenfeur,
Delfaut vous auez trop de cœur ,
Trop de vigueur & de conftance ;

Souffrez donc ma reconnoissance
Et permettez cher Protecteur,
que ma pauure muse en souffrance,
A qui vous promettez faueur
D'vn encens qui n'est pas flatteur
Vos diuines Vertus encense,
Vous m'auez promis assistance,
Calliope la pauure sœur
Du doux vent de cette esperance
S'en fait vn solide bon-heur :
De grace vn peu de confiance,
Qoy que tout Poëte soit menteur,
Tout Poëte n'est pas affronteur,
Ie vous le dis en conscience ;
Ie suis vn honneste Rimeur,
Souuent pour vn peu de finance
On se fait vn bon Seruiteur,

*Sur l'Affaire que Monsieur de
Richémont eut à Rome l'an mil
six cens soixante-deux.*

PIECE HEROICOMIQVE.

POur délier sa bource, ou tirer son
　　espée
Toûjours de Richémont la main est
　　occupée,
Richemont est pár tout, Richemont
　　est à tout,
C'est l'Oreste seruant l'Amy iusques
　　au bout,
Sage comme Caton, vaillant comme
　　Pompée,
Vn Cesar en petit, vn racourcy trom-
　　peur,
Qui dans vn petit corps, fait agir vn
　　grand cœur,
Et qui bien que nourry dans sa douce
　　contrée

Du doux laict de Themis, & de la
   belle Aftrée :
Fers aigus comme à moy, ne font au-
   cune peur,
Témoin en eſt ſa chair en maints
   lieux découpée,
Son épaule malade, & ſa paſle cou-
   leur,
Sa chemiſe en ſon ſang plus d'vne
   fois trempée,
Vrayement i'en ſuis charnié, c'eſt vn
   digne Seigneur,
S'il faut boire ou chanter, rire ou faire
   ripaille :
Il ripaille, il gogaille, & s'il faut ba-
   tailler,
Et dans le champ d'honneur ſe Deuiſ-
   cerailler,
Sans craindre feu, ny fer, tombe, ny
   funeraille ;
Il bataille, hé comment ? iuſqu'à fu-
   nerailler,
Car il n'eſt pas moins fort, ny moins
   fier en bataille,
Qu'il eſt traictable & doux quand las
   de ferailler,

Ce Noble Enfant de Mars, deuenu
Conseiller,
Au trenchant de Themis fait ceder la
feraille,
Aussi quand vn amy pour vanger vn
affront
Veut faire à quelque preux danser la
passecaille ;
C'est toûjours le petit Monsieur de
Richemont
Quatre fois plus méchant que Mau-
gis d'aigremont,
Qui bat & qui rabat les gens de haute
taille
Fussent-ils plus hardis cent fois que
Fonteraille ,
Et plus fiers que ne fut Rolland le
Furibond,
Car de tous les vaillans que l'vniuers
enferre
A compter depuis l'an que régna Pha-
ramond
Iusqu'au siecle present, plus braue on
ne vit oncq,
Ny dans son lieu natal, ny sur étrange
terre ,

Quoy qu'il n'éclatte pas si fort que
    le tonnerre
De l'amour & de Mars, comme il a
    tous les traits :
On n'apprehende pas qu'il recule ja-
    mais,
Ny dans le champ d'amour, ny dans
    le champ de Guerre,
Ny mesme dans ces lieux consacrez à
    la paix :
Quand il faudroit encor se battre à
    coups de verre,
Aussi pour couronner dignement
    tous ses faits,
Outre le Pampre verd, le Mirthe & le
    Lierre :
Mars luy doit des Lauriers & non pas
    des ciprés,
Car quand Dame Atropos s'en met-
    toit en colere,
Nous luy faisons la nique, & ne la
    craignons guere,
Et pour le sieur Caron, nous luy
    cassons du grés.
Grace à l'Omnipotent, pourueu que
    le Saint Pere

Qui pardonne aux pecheurs, & fait
     grace aux meffaits :

Daigne nous exempter de mort pati-
     bulaire,

Nous pourrions bien alors, chanter
     laire, lanlaire,

Car dans moins de dix iours, noftre
     amy fera frais,

Et fi frais qu'aujourd'huy fi l'on le
     vouloit croire

Auffi bien que Viuet, il feroit preft à
     boire

Du nectar que Bacchus icy verfe à
     longts traits ;

Viue donc Richemont digne de mon
     Hiftoire,

Qui ne craint ny Pluton, ny l'eau de
     l'onde noire,

Coufteaux, Piques, ny dards, lances,
     ny fers aigus,

Rogers ny Mandicards, Rollands,
     ny Ferragus ;

Mais las quoy qu'en ce fait, ou toute
     gloire abonde,

l'exalte fa vertu qui n'a point de fe-
     conde,

                Que

Que de ſes beaux exploits, ie ſois
 bien amoureux,

Et que dans ces bas lieux viure à la
 Richemonde;

C'eſt viure à mon avis en Heros glo-
 rieux,

D'autant que les combats ſont vn peu
 dangereux,

Qu'Alexandre en murmure, & que
 Loüis en gronde,

Que les fers ſont picquans, que nos
 corps ſont porreux,

Et qu'au noir Baratrum du Prince te-
 nebreux,

La Parque a ce dit-on dans ſa grotte
 profonde,

Pour les pauvres mortels, ie ne ſçay
 quoy d'affreux,

Que du flambeau du iour la lumiere
 feconde,

N'a rien graces à Dieu, qui me ſoit
 odieux,

Et qu'il n'eſt aujourd'huy ſur la terre
 & ſur l'onde,

Rien que la ſeule mort qui déplaiſe à
 mes yeux,

Q

Et qu'enfin ie ne fuis, ny fier, ny fu-
    rieux ;

Si ie me bats iamais, ie veux que l'on
    me tonde,

Pas mefme à coups de poings ; ny
    mefme à coups dé fronde :

I'en ay fait mon ferment mille fois en
    ces lieux ;

Et ie protefte encore en prefence des
    Cieux

De Monfeigneur Phœbus , & de fa
    treffe blonde,

De jamais n'émouyoir combats liti-
    gieux,

Iamais ne litiguer contre gens bilieux,

Ny de farrouche efprit, ny d'humeur
    iraconde.

Et pour authentiquer, mon ferment
    & mes veux,

Qu'en ces vers ie confacre,& laiffe à
    nos neueux :

Ie dis encore vn coup, que le Ciel me
    confonde,

Si comme Richemont de cette maffe
    ronde,

Eft des adyanturiers le plus adven-

tureux :
Ie ne reſte toûjours ſur la face du
  monde,
Auſſi conſtant poltron, comme il eſt
  valeureux.

Auſſi comme les ames les
plus guerrieres ſont ordinaire-
ment les plus genereuſes, parce
que le meſme feu qui inſpiré la
valeur, inſpire encore la libera-
lité, on n'en vit jamais vn ſi
prodigue. Il ne falloit qu'aller à
ſon leuer, & luy donner le bon
jour : on eſtoit aſſeuré d'eſtre
nourry toute la journée ; &
quand ie fis connoiſſance auec
luy, il y auoit plus d'vn an qu'il
nourriſſoit graſſement quatre
perſonnes à ce prix ; car s'il
prenoit plaiſir de mettre la main
à l'eſpée, il prenoit encore plus
de plaiſir de mettre la main à la

bource : Et quand il eſtoit dans
vn cabaret, ſi quelqu'vn eut eſté
ſi hardy de vouloir payer, ç'eut
eſté vn attentat à ſa gloire, qu'il
n'auroit jamais pardonné ; C'eſt
pourquoy, ie ſis encore ces Vers
à ce Noble enfant de la jubila-
tion.

Alluſion ſur le Nom de Monſieur de Richemont.

SCavez-vous pourquoy Riche-
   mont,
Qui tout defraye & tout défriche,
A payer toûjours eſt ſi prompt,
C'eſt que Richemont eſt mont-riche
Mais s'il s'appelloit Chichemont,
Pourroit-on l'apeller mont chiche,
Nón ma foy, car ce Richemont
Qui fait part à tous de ſa miche,

Comme les honneſtes gens font,
Et qui n'eſt pas de ceux qui font
Marquez au coin du mauvais riche,
A trop de cœur & trop de front
Pour eſtre appellé iamais chiche.
Viue, donc l'Amy Richemont
Et laze quille Chichemont,
Fait l'an de Monparnaſſe en friche,
Deuant la Trinité du Mont.

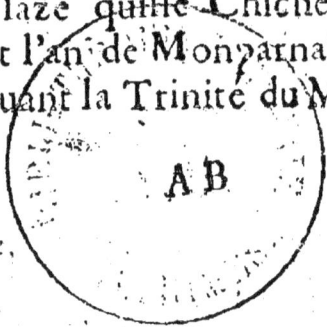

A B

www.ingramcontent.com/pod-product-compliance
Lightning Source LLC
Chambersburg PA
CBHW071950110426
42744CB00030B/735